Kurt Witzenbacher, Wer stieg auf einen Maulbeerbaum?

KURT WITZENBACHER

Wer stieg auf einen Maulbeerbaum?

Bibel-Olympiade mit 1000 Fragen

CHRISTLICHES VERLAGSHAUS GMBH
STUTTGART

ABCteam

Bücher mit diesem Zeichen wollen
aktuell und bliblisch Christus bezeugen.

ABCteam-Bücher erscheinen in folgenden Verlagen:

Aussaat- und Schriftenmissions-Verlag Neukirchen
R. Brockhaus Verlag Wuppertal
Brunnen Verlag Gießen (und Brunnquell Verlag)
Christliche Verlagsanstalt Konstanz
(und Friedrich Bahn Verlag / Sonnenweg-Verlag)
Christliches Verlagshaus Stuttgart
(und Evangelischer Missionsverlag)
Oncken Verlag Wuppertal

Früher erschienen im Hänssler-Verlag, Neuhausen-Stuttgart
unter dem Titel »Wie war das noch...?«

2. Auflage 1988

Umschlaggestaltung: werba
Satz: Schwengeler-Verlag, CH-Berneck
Druck und Bindearbeiten: Druckhaus West GmbH, Stuttgart
ISBN 3-7675-2407-4

Inhalt

Vorwort

Dieses Buch erwuchs aus einer langjährigen Arbeit mit der Bibel in Jugendkreisen und im Religionsunterricht. Es hat sich dabei als sehr wichtig und notwendig erwiesen, auf unterhaltsame Weise und im Wettbewerb Bibelkenntnisse zu erwerben und zu vertiefen. Nur durch ständiges «Training» lernt man seine Bibel wirklich kennen!

Die 1055 Quizfragen sind abwechslungsreich gestaltet: Bekannte Bibelverse werden umschrieben, und es ist die richtige Formulierung zu finden, die Fundstellen bekannter Bibelzitate sind zu nennen, unvollständige Bibelworte müssen ergänzt werden, Richtig-Falsch-Fragen und Fragen mit Auswahlantworten sind zu beantworten, biblische Gestalten stellen sich vor, allerlei interessante Tatsachen aus der Bibel werden gefragt, 150 biblische Fragen sind zu beantworten — um nur einige zu nennen. Die Quizfragen sind von unterschiedlichem Schwierigkeitsgrad. Sie lassen sich deshalb in verschiedenen Altersstufen, im Religionsunterricht der Schule, in Jugendkreisen, aber auch in Erwachsenenkreisen, in der Sonntagsschule, in der Familie benutzen. Mit dem Quizmaterial dieses Buches lassen sich Wettbewerbe zusammenstellen, jedoch kann jeder Leser auch für sich allein einmal seine Bibelkenntnisse überprüfen. So könnte das Büchlein für Schule, Gemeinde und Familie zu einem interessanten und wichtigen Arbeitsbuch werden, das auf spielerisch-unterhaltsame Weise zum Umgang mit der Bibel einlädt.

Den Quizfragen wurde die Luther-Übersetzung der Bibel zugrunde gelegt, die nach wie vor am weitesten verbreitet und deren sprachliche Form der Bibelworte wohl immer noch am bekanntesten ist. Die einzelnen Kapitel dieses Buches geben immer wieder Veranlassung, in der Bibel nachzulesen, Bibelzitate im Zusammenhang zu sehen, kurz: die Bibel intensiv zu studieren. Dazu sollten auch andere, urtextgenaue oder zumindest urtextnahe, bibeltreue Übersetzungen verwendet werden. Folgende Übersetzungen sind empfehlenswert: Elberfelder, Menge, Schlachter, Zürcher, Bruns, Neue Scofield Bibel (Lutherübersetzung mit hervorragenden Anmerkungen), Lutherbibel erklärt.

Kurt Witzenbacher

Bibel-Zitate

Aus welchem Buch der Bibel stammen die folgenden Zitate?

1. «Und wer weiß, ob du nicht um dieser Zeit willen zur königlichen Würde gekommen bist?» *Esther (Esth. 4,14)*
2. «Und ich sah einen großen weißen Stuhl und den, der daraufsaß.» *Offenbarung (Offb. 20,11)*
3. «Am Anfang schuf Gott Himmel und Erde.» *Genesis (1. Mose 1,1)*
4. «Agrippa aber sprach zu Paulus: 'Es fehlt nicht viel, du überredest mich, daß ich ein Christ würde.'» *Apostelgeschichte (Apg. 26,28)*
5. «Es werde Licht.» *Genesis (1. Mose 1,3)*
6. «Da werden sie ihre Schwerter zu Pflugscharen machen.» *Jesaja (Jes. 2,4); Micha (Micha 4,3)*
7. «Das Weib, das du mir zugesellt hast, gab mir von dem Baum, und ich aß.» *Genesis (1. Mose 3,12)*
8. «Denn uns ist ein Kind geboren, ein Sohn ist uns gegeben, und die Herrschaft ist auf seiner Schulter, und er heißt Wunderbar, Rat, Kraft, Held, Ewig-Vater, Friedefürst.» *Jesaja (Jes. 9,5)*
9. «Am Anfang war das Wort, und das Wort war bei Gott, und Gott war das Wort.» *Johannes-Evangelium (Joh. 1,1)*
10. «Soll ich meines Bruders Hüter sein?» *Genesis (1. Mose 4,9)*
11. «Und es geschieht nichts Neues unter der Sonne.» *Prediger (Pred. 1,9)*
12. «Noch sitzt, da die Spötter sitzen.» *Psalmen (Ps. 1,1)*
13. «Die Stimme ist Jakobs Stimme, aber die Hände sind Esaus Hände.» *Genesis (1. Mose 27,22)*

14. «Grüne Auen.» *Psalmen (Ps. 23,2)*

15. «Der Herr segne dich und behüte dich; der Herr lasse sein Angesicht leuchten über dir und sei dir gnädig; der Herr hebe sein Angesicht über dich und gebe dir Frieden.» *Numeri (4. Mose 6,24-26)*

16. «Nun aber bleibt Glaube, Hoffnung, Liebe, diese drei; aber die Liebe ist die größte unter ihnen.» *1. Korintherbrief (1. Kor. 13,13)*

17. «... eine Hilfe in den großen Nöten.» *Psalmen (Ps. 46,2)*

18. «Wer mich haßt, der haßt auch meinen Vater.» *Johannes-Evangelium (Joh. 15,23)*

19. «Denn siehe, der Winter ist vergangen, der Regen ist weg und dahin; die Blumen sind hervorgekommen im Lande, der Lenz ist herbeigekommen, und die Turteltaube läßt sich hören in unserem Lande.» *Hohelied (Hohel. 2,11-12)*

20. «Ich sprach in meinem Zagen: Alle Menschen sind Lügner.» *Psalmen (Ps. 116,11)*

21. «Ich hebe meine Augen auf zu den Bergen.» *Psalmen (Ps. 121,1)*

22. «Der Herr ist gütig und eine Feste zur Zeit der Not und kennt die, so auf ihn trauen.» *Nahum (Nah. 1,7)*

23. «Da kam ein neuer König auf in Ägypten, der wußte nichts von Josef.» *Exodus (2. Mose 1,8)*

24. «Ehre sei Gott in der Höhe und Friede auf Erden und den Menschen ein Wohlgefallen.» *Lukas (Luk. 2,14)*

25. «Denn der Ort, darauf du stehst, ist ein heiliges Land.» *Exodus (2. Mose 3,5)*

26. «Die Furcht des Herrn ist der Weisheit Anfang.» *Psalmen (Ps. 111,10)*

27. «Gehe hin zur Ameise, du Fauler; siehe ihre Weise an und lerne!» *Sprüche (Spr. 6,6)*

28. «Falsche Waage ist dem Herrn ein Greuel.» *Sprüche (Spr. 11,1)*

29. «Wo du hingehst, da will auch ich hingehen; wo du bleibst, da bleibe ich auch. Dein Volk ist mein Volk, und dein Gott ist mein Gott. Wo du stirbst, da sterbe ich auch, da will ich auch begraben werden.» *Ruth (Ruth 1,16-17)*

30. «Eine linde Antwort stillt den Zorn.» *Sprüche (Spr. 15,1)*

Welche biblische Person oder welcher Verfasser sagte oder schrieb diese Worte?

1. «Ehre sei Gott in der Höhe und Friede auf Erden.» *Engel (Luk. 2,14)*

2. «Siehe, das ist Gottes Lamm.» *Johannes der Täufer (Joh. 1,36)*

3. «Herr, gehe von mir hinaus! Ich bin ein sündiger Mensch.» *Petrus (Luk. 5,8)*

4. «Herr, wärest du hier gewesen, mein Bruder wäre nicht gestorben.» *Martha (Joh. 11,21)*

5. «Gelobt sei, der da kommt in dem Namen des Herrn.» *Volk in Jerusalem (Matth. 21,9)*

6. «Wollt ihr, daß ich euch den König der Juden losgebe?» *Pilatus (Joh. 18,39)*

7. «Er ist nicht hier, er ist auferstanden.» *Engel (Luk. 24,6)*

8. «Der Herr sehe darein zwischen mir und dir, wenn wir voneinander kommen.» *Laban (1. Mose 31,49)*

9. «Heißet mich Mara, denn der Allmächtige hat mich sehr betrübt.» *Naemi (Ruth 1,20)*

10. «Siehe, hier bin ich, du hast mich gerufen.» *Samuel (1. Sam. 3,4)*

11. «Saul, Saul, warum verfolgst du mich?» *Jesus (Apg. 9,4)*

12. «Steig eilend hernieder, denn ich muß heute in deinem Hause einkehren!» *Jesus (Luk. 19,5)*

13. «Was ist Wahrheit?» *Pilatus (Joh. 18,38)*

14. «Mägdlein, ich sage dir, stehe auf!» *Jesus (Mark. 5,41)*

15. «Hast du mich lieb?» *Jesus (Joh. 21,16.17)*

16. «Du bist Christus, der Sohn des lebendigen Gottes.» *Petrus (Matth. 16,16)*

17. «Man hat dich in einer Waage gewogen und zu leicht gefunden.» *Daniel (Dan. 5,27)*

18. «Es fehlt nicht viel, du überredest mich, daß ich ein Christ würde.» *König Agrippa (Apg. 26,28)*

19. «Nimm dein Bett und wandle.» *Jesus (Mark. 2,9)*

20. «Wer unter euch ohne Sünde ist, der werfe den ersten Stein auf sie.» *Jesus (Joh, 8,7)*

21. «Weiche von mir, Satan!» *Jesus (Matth, 4,10)*

22. «Denn der Ort, darauf du stehst, ist ein heilig Land.» *Gott (2. Mose 3,5)*

23. «Was du wirst von mir bitten, will ich dir geben, bis an die Hälfte meines Königreichs.» *Herodes (Mark. 6,23)*

24. «Ich berufe mich auf den Kaiser.» *Paulus (Apg. 25,11)*

25. «Herr, gedenke an mich, wenn du in dein Reich kommst!» *Schächer am Kreuz (Luk. 23,42)*

26. «Heute wirst du mit mir im Paradiese sein.» *Jesus (Luk. 23,43)*

27. «Josef ist nicht mehr vorhanden, Simeon ist nicht mehr vorhanden, Benjamin wollt ihr wegnehmen.» *Jakob (1. Mose 42,36)*

28. «Die sieben schönen Kühe sind sieben Jahre.» *Josef (1. Mose 41,26)*

29. «Soll ich meines Bruders Hüter sein?» *Kain (1. Mose 4,9)*

30. «Wisset ihr nicht, daß ich sein muß in dem, das meines Vaters ist?» *Jesus (Luk. 2,49)*

31. «Du bist mein lieber Sohn, an dem ich Wohlgefallen habe.» *Gott (Mark. 1,11)*

32. «Guter Meister, was muß ich tun, daß ich das ewige Leben ererbe?» *Reicher Jüngling (Mark. 10,17)*

33. «Was soll man dem Manne tun, den der König gerne wollte ehren?» *König Ahasveros (Esth. 6,6)*

34. «Lasset uns Menschen machen, ein Bild, das uns gleich sei.» *Gott (1. Mose 1,26)*

35. «Wir haben die ganze Nacht gearbeitet und nichts gefangen, aber auf dein Wort will ich das Netz auswerfen.» *Petrus (Luk. 5,5)*

36. «Es werde Licht!» *Gott (1. Mose 1,3)*

37. «Sehet, welch ein Mensch!» *Pilatus (Joh. 19,5)*

38. «Wir haben seinen Stern gesehen im Morgenland.» *Weise aus dem Morgenland (Matth. 2,2)*

39. «Gehet hin in alle Welt und prediget das Evangelium aller Kreatur!» *Jesus (Mark. 16,15)*

40. «Ein Prophet gilt nirgends weniger denn in seinem Vaterland und in seinem Hause.» *Jesus (Matth. 13,57)*

41. «Wahrlich, dieser ist Gottes Sohn gewesen.» *Soldaten bei der Kreuzigung Jesu (Matth. 27,54)*

42. «Mein Sohn, Gott hat sich ersehen ein Schaf zum Brandopfer.» *Abraham (1. Mose 22,8)*

43. «Habe du nichts zu schaffen mit diesem Gerechten, ich habe heute viel erlitten im Traum seinetwegen.» *Frau des Pilatus (Matth. 27,19)*

44. «Ich lasse dich nicht, du segnest mich denn.» *Jakob (1. Mose 32,27)*

45. «Stehe auf, ich bin auch ein Mensch.» *Petrus (Apg. 10,26)*

46. «Gedenke, daß mein Leben ein Wind ist und meine Augen nicht wieder Gutes sehen werden.» *Hiob (Hiob 7,7)*

47. «Denn euch ist heute der Heiland geboren, welcher ist Christus, der Herr, in der Stadt Davids.» *Engel (Luk. 2,11)*

48. «Wo ist der neugeborene König der Juden?» *Weise aus dem Morgenland (Matth. 2,2)*

49. «Rede mir nicht ein, daß ich dich verlassen sollte und von dir umkehren!» *Ruth (Ruth 1,16)*

50. «Die Stimme ist Jakobs Stimme, aber die Hände sind Esaus Hände.» *Isaak (1. Mose 27,22)*

51. «Es soll aber das Recht offenbart werden wie Wasser und die Gerechtigkeit wie ein starker Strom.» *Amos (Amos 5,24)*

52. «Suchet den Herrn, so werdet ihr leben!» *Amos (Amos 5,6)*

53. «So gebet dem Kaiser, was des Kaisers ist, und Gott, was Gottes ist!» *Jesus (Mark. 12,17)*

54. «Haben wir Gutes empfangen von Gott und sollten das Böse nicht auch annehmen?» *Hiob (Hiob 2,10)*

55. «Ist der Herr Gott, so wandelt ihm nach; ist's aber Baal, so wandelt ihm nach.» *Elia (1. Kön. 18,21)*

56. «Kahlkopf, komm herauf!» *Kinder (2. Kön. 2,23)*

57. «Mein Sohn Absalom! Wollte Gott, ich wäre für dich gestorben!» *David (2. Sam. 19,1)*

58. «Silber und Gold habe ich nicht, was ich aber habe, das gebe ich dir.» *Petrus (Apg. 3,6)*

59. «Herr, was willst du, daß ich tun soll?» *Paulus (Apg. 9,6)*

60. «Mein Vater, ist's möglich, so gehe dieser Kelch von mir; doch nicht, wie ich will, sondern wie du willst!» *Jesus (Matth. 26,39)*

61. «Nun aber bleibt Glaube, Hoffnung, Liebe, diese drei; aber die Liebe ist die größte unter ihnen.» *Paulus (1. Kor. 13,13)*

62. «Ich sah einen neuen Himmel und eine neue Erde, denn der erste Himmel und die erste Erde vergingen.» *Johannes (Offb. 21,1)*

63. «Wer sagen die Menschen, daß ich sei?» *Jesus (Mark. 8,27)*

64. «Schriftgelehrte und Pharisäer, ihr Heuchler!» *Jesus (Matth. 23,13)*

65. «Alle Täler sollen erhöht werden, und alle Berge und Hügel sollen erniedrigt werden.» *Jesaja (Jes. 40,4)*

66. «Es ist alles ganz eitel.» *Salomo (Pred. 1,2)*

67. «Und also will ich zum König hineingehen wider das Gebot; komme ich um, so komme ich um.» *Esther (Esth. 4,16)*

68. «Und wer weiß, ob du nicht um dieser Zeit willen zur kö-

niglichen Würde gekommen bist?» *Mardochai (Esth. 4,14)*

69. «Liebet einander, wie ich euch geliebt habe!» *Jesus (Joh. 13,34)*

70. «Ich will mich aufmachen und zu meinem Vater gehen.» *Der verlorene Sohn (Luk. 15,18)*

71. «Meine Seele sterbe mit den Philistern.» *Simson (Richt. 16,30)*

72. «Saul hat tausend geschlagen, aber David zehntausend.» *Jüdische Frauen (1. Sam. 18,7)*

73. «Lasset uns nun gehen gen Bethlehem und die Geschichte sehen, die da geschehen ist.» *Hirten (Luk. 2,15)*

74. «Der ist's, der nach mir kommen wird, welcher vor mir gewesen ist, des ich nicht wert bin, daß ich seine Schuhriemen auflöse.» *Johannes der Täufer (Joh. 1,27)*

75. «Es ist leichter, daß ein Kamel durch ein Nadelöhr gehe, denn daß ein Reicher ins Reich Gottes komme.» *Jesus (Matth. 19,24)*

76. «In dieser Nacht, ehe der Hahn kräht, wirst du mich dreimal verleugnen.» *Jesus (Matth. 26,34)*

77. «Lazarus, komm heraus!» *Jesus (Joh. 11,43)*

78. «Denn uns ist ein Kind geboren, ein Sohn ist uns gegeben.» *Jesaja (Jes. 9,5)*

79. «Am Anfang war das Wort, und das Wort war bei Gott, und Gott war das Wort.» *Johannes (Joh. 1,1)*

80. «Gedenke des Sabbattages, daß du ihn heiligest.» *Mose (2. Mose 20,8)*

81. «Tod, wo ist dein Stachel?» *Paulus (1. Kor. 15,55)*

82. «Ich habe einen guten Kampf gekämpft, ich habe den

Lauf vollendet, ich habe Glauben gehalten.» *Paulus (2. Tim. 4,7)*

83. «Es sei denn, daß jemand von neuem geboren werde.» *Jesus (Joh. 3,3)*

84. «Weib, siehe, das ist dein Sohn!» *Jesus (Joh. 19,26)*

85. «Lasset die Kindlein zu mir kommen und wehret ihnen nicht!» *Jesus (Matth. 19,14)*

86. «Vater, vergib ihnen, denn sie wissen nicht, was sie tun!» *Jesus (Luk. 23,34)*

87. «Tut Buße, denn das Himmelreich ist nahe!» *Johannes der Täufer (Matth. 3,2)*

88. «Das tut zu meinem Gedächtnis!» *Jesus (Luk. 22,19)*

89. «Lasset die Sonne nicht über eurem Zorn untergehen!» *Paulus (Eph. 4,26)*

90. «Philister über dir, Simson!» *Delila (Richt. 16,9)*

91. «Das Weib, das du mir zugesellt hast, gab mir von dem Baum, und ich aß.» *Adam (1. Mose 3,12)*

92. «Bist du der König der Juden?» *Pilatus (Matth. 27,11; Mark. 15,2; Luk. 23,3; Joh. 18,33)*

93. «Ich schäme mich des Evangeliums nicht.» *Paulus (Röm. 1,16)*

94. «Es ist kein Ansehen der Person vor Gott.» *Paulus (Röm. 2,11)*

95. «Wer seinen Bruder liebt, der bleibt im Licht.» *Johannes (1. Joh. 2,10)*

96. «Seid Täter des Worts, nicht Hörer allein!» *Jakobus (Jak. 1,22)*

97. «Beide Träume Pharaos sind einerlei. Gott verkündigt Pharao, was er vorhat.» *Josef (1. Mose 41,25)*

98. «Nimm hin das Kindlein und säuge mir's; ich will dir lohnen.» *Tochter des Pharao (2. Mose 2,9)*

99. «Wir gingen alle in der Irre wie Schafe.» *Jesaja (Jes. 53,6)*

100. «Was heißest du mich gut? Niemand ist gut, denn der einige Gott.» *Jesus (Matth. 19,17)*

Welcher Bibelvers ist gemeint?

Nachstehend finden sich eine Reihe von Umschreibungen bekannter Bibelverse. Welcher Vers ist jeweils gemeint?

1. Die Bibel sagt, daß man Respekt vor seiner Mutter und seinem Vater haben soll.
   «Du sollst deinen Vater und deine Mutter ehren ...» (2. Mose 20,12)

2. Jesus sagte, daß wir ständig die Not unserer Mitmenschen vor Augen haben sollten.
   «Ihr habt allezeit Arme bei euch ...» (Matth. 26,11)

3. Jesus sagte, daß Jüngersein Selbstverleugnung und Kreuzeslast einschließt.
   «Will mir jemand nachfolgen, der verleugne sich selbst und nehme sein Kreuz auf sich und folge mir.» (Matth. 16,24)

4. Adam suchte einen Sündenbock.
   «Das Weib, das du mir zugesellt hast, gab mir vom Baum, und ich aß.» (1. Mose 3,12)

5. Die Frauen Israels machten Saul eifersüchtig, indem sie sangen, daß David der größere Krieger sei.
   «Und die Weiber sangen gegeneinander und spielten und sprachen: 'Saul hat tausend geschlagen, David aber zehntausend.'» (1. Sam. 18,7)

6. Der Segensspruch, den Mose auf Gottes Geheiß an die Israeliten weitergeben sollte, enthielt die Bitte an Gott, zu «segnen», zu «behüten», «scheinen zu lassen», zu «erheben» und zu «geben».
   «Der Herr segne dich und behüte dich; der Herr lasse sein Angesicht leuchten über dir und sei dir gnädig; der Herr hebe sein Angesicht über dich und gebe dir Frieden.» (4. Mose 6,24-26)

7. Jesus wies darauf hin, daß wir in manchen Fällen unsere Bürgerpflichten und unsere religiösen Pflichten auseinanderhalten müssen.
«So gebet dem Kaiser, was des Kaisers ist, und Gott, was Gottes ist!» (Luk. 20,25)

8. Jesus gab zu verstehen, daß nur der Schuldlose allein einen anderen verurteilen könne.
«Wer unter euch ohne Sünde ist, der werfe den ersten Stein auf sie!» (Joh. 8,7)

9. Hiob erklärte, daß Gott ebenso nehmen wie geben könne.
«Der Herr hat's gegeben, der Herr hat's genommen, der Name des Herrn sei gelobt!» (Hiob 1,21)

10. Ruth bestand darauf, zu Naemis Volk zu gehören, ihrem Land, ihrer Religion und für immer bei ihr zu bleiben.
«Wo du hingehst, da will auch ich hingehen, wo du bleibst, da bleibe ich auch. Dein Volk ist mein Volk, und dein Gott ist mein Gott. Wo du stirbst, da sterbe ich auch, da will ich auch begraben werden. Der Herr tue mir dies und das, der Tod muß mich und dich scheiden.» (Ruth 1,16-17)

11. Jesus gab seinen Jüngern ein neues Gebot der Liebe.
«Ein neu Gebot gebe ich euch, daß ihr euch untereinander liebet, wie ich euch geliebt habe, auf daß auch ihr einander liebhabet.» (Joh. 13,34)

12. Im ersten Korintherbrief spricht Paulus von drei Tugenden. Eine davon bezeichnet er als die größte.
«Nun aber bleibt Glaube, Hoffnung, Liebe, diese drei; aber die Liebe ist die größte unter ihnen.» (1. Kor. 13,13)

13. Der Verfasser des Buches «Prediger» wußte von dem ständigen Einerlei aller Dinge.
«... und es geschieht nichts Neues unter der Sonne.» (Pred. 1,9)

14. Jesus sagte, daß die Menschen in ihrer Heimat oft wenig geschätzt werden.
«Ein Prophet gilt nirgend weniger denn in seinem Vaterland und in seinem Hause.» (Matth. 13,57)

15. Jesus sagte, daß das Interesse eines Menschen dem gilt, das ihm am meisten wert ist.
«Denn wo euer Schatz ist, da ist auch euer Herz.» (Matth. 6,21)

16. Ein weiser Mensch ist auch ein glücklicher Mensch.
«Wohl dem Menschen, der Weisheit findet, und dem Menschen, der Verstand bekommt!» (Spr. 3,13)

17. David betete zu Gott, er möge ihn reinigen und seine Sünden wegwaschen.
«Wasche mich wohl von meiner Missetat und reinige mich von meiner Sünde.» (Ps. 51,4)

18. Elia bedrängte die Kinder Israel, sich zwischen Gott und Baal zu entscheiden.
«Wie lange hinket ihr auf beide Seiten? Ist der Herr Gott, so wandelt ihm nach; ist's aber Baal, so wandelt ihm nach.» (1. Kön. 18,21)

19. Jesus stellte fest, daß Menschen, die andere richten, selbst gerichtet werden.
«Richtet nicht, auf daß ihr nicht gerichtet werdet!» (Matth. 7,1)

20. Jesus sagte, daß barmherzige Menschen glückliche Menschen sind.
«Selig sind die Barmherzigen, denn sie werden Barmherzigkeit erlangen.» (Matth. 5,7)

21. David verglich Gott mit einem Hirten.
«Der Herr ist mein Hirte; mir wird nichts mangeln.» (Ps. 23,1)

22. Wie lautet die Feststellung, daß in der Astronomie Gott

geoffenbart wird?
«Die Himmel erzählen die Ehre Gottes, und die Feste verkündigt seiner Hände Werk.» (Ps. 19,1)

23. Hiob wies seine Freunde, die ihn trösten wollten, mit der höhnischen Bemerkung zurück, sie seien wohl im Besitz der gesamten Weisheit der Welt.
«Ja, ihr seid die Leute, mit euch wird die Weisheit sterben!» (Hiob 12,2)

24. Glaube ist ein Weg, unsere Hoffnung Wirklichkeit werden zu lassen.
«Es ist aber der Glaube eine gewisse Zuversicht des, das man hofft, und ein Nichtzweifeln an dem, das man nicht sieht.» (Hebr. 11,1)

25. Jesus bemerkte einmal, daß man mehr Glück im Geben als im Nehmen findet.
«Geben ist seliger denn Nehmen.» (Apg. 20,35)

Was fehlt?

Folgende Bibelworte sind zu ergänzen:

1. Gedenke des Sabbattages — *daß du ihn heiligest. (2. Mose 20,8)*
2. Lasset euer Licht leuchten vor den Leuten, daß sie eure guten Werke sehen — *und euren Vater im Himmel preisen. (Matth. 5,16)*
3. Es sei denn, daß ihr euch umkehret und werdet wie die Kinder — *so werdet ihr nicht ins Himmelreich kommen. (Matth. 18,3)*
4. Wo zwei oder drei versammelt sind — *in meinem Namen, da bin ich mitten unter ihnen. (Matth. 18,20)*
5. Gott ist Geist, — *und die ihn anbeten, müssen ihn im Geist und in der Wahrheit anbeten. (Joh. 4,24)*
6. Ich kann den Tempel Gottes abbrechen — *und in drei Tagen ihn bauen. (Matth. 26,61)*
7. Ich bin gekommen, daß sie das Leben — *und volle Genüge haben sollen. (Joh. 10,11)*
8. Des Menschen Sohn ist nicht gekommen, daß er sich dienen lasse, — *sondern daß er diene und gebe sein Leben zu einer Erlösung für viele. (Matth. 20,28)*
9. Was hülfe es dem Menschen, *so er die ganze Welt gewönne und nähme doch Schaden an seiner Seele. (Matth. 16,26)*
10. Wenn eure Sünde gleich blutrot ist, — *soll sie doch schneeweiß werden. (Jes. 1,18)*
11. Suchet den Herrn, solange er zu finden ist, — *rufet ihn an, solange er nahe ist. (Jes. 55,6)*

12. Der Gottlose lasse von seinem Wege — *und der Übeltäter seine Gedanken und bekehre sich zum Herrn, so wird er sich sein erbarmen, und zu unserm Gott, denn bei ihm ist viel Vergebung. (Jes. 55,7)*

13. Es soll aber das Recht offenbart werden wie Wasser — *und die Gerechtigkeit wie ein starker Strom. (Amos 5,24)*

14. Da werden sie ihre Schwerter — *zu Pflugscharen und ihre Spieße zu Sicheln machen. (Jes. 2,4)*

15. Nun aber bleibt Glaube, Hoffnung, — *Liebe, diese drei; aber die Liebe ist die größte unter ihnen. (1. Kor. 13,13)*

16. Wie der Hirsch schreit nach frischem Wasser, — *so schreit meine Seele, Gott, zu dir. (Ps. 42,2)*

17. Wie sich ein Vater über Kinder erbarmt, — *so erbarmt sich der Herr über die, so ihn fürchten. (Ps. 103,13)*

18. Darum bittet den Herrn der Ernte, — *daß er Arbeiter in seine Ernte sende. (Matth. 9,38)*

19. Dein Wort ist meines Fußes Leuchte — *und ein Licht auf meinem Wege. (Ps. 119,105)*

20. Irret euch nicht! Gott läßt sich nicht spotten. — *Denn was der Mensch sät, das wird er ernten. (Gal. 6,7)*

21. Denn das Wort vom Kreuz ist eine Torheit denen, — *die verloren werden, uns aber, die wir selig werden, ist's eine Gotteskraft. (1. Kor. 1,18)*

22. Meine Hilfe kommt von dem Herrn, — *der Himmel und Erde gemacht hat. (Ps. 121,2)*

23. Weise mir, Herr, deinen Weg, daß ich wandle in deiner Wahrheit, — *erhalte mein Herz bei dem einen, daß ich deinen Namen fürchte. (Ps. 86,11)*

24. Barmherzig und gnädig ist der Herr, — *geduldig und von großer Güte. (Ps. 103,8)*

25. Herr, deine Güte reicht, so weit der Himmel ist, — *und deine Wahrheit, so weit die Wolken gehen. (Ps. 36,6)*

26. Lobe den Herrn, meine Seele, — *und was in mir ist, seinen heiligen Namen. (Ps. 103,1)*

27. Gehet zu seinen Toren ein mit Danken, — *zu seinen Vorhöfen mit Loben. (Ps. 100,4)*

28. Es ist aber der Glaube eine gewisse Zuversicht des, das man hofft, — *und ein Nichtzweifeln an dem, das man nicht sieht. (Hebr. 11,1)*

29. Seid Täter des Worts, — *nicht Hörer allein. (Jak. 1,22)*

30. Also hat Gott die Welt geliebt, — *daß er seinen eingeborenen Sohn gab, auf daß alle, die an ihn glauben, nicht verloren werden, sondern das ewige Leben haben. (Joh. 3,16)*

31. Laß dein Brot über das Wasser fahren, — *so wirst du es finden nach langer Zeit. (Pred. 11,1)*

32. Wenn der Gerechten viel sind, — *freut sich das Volk. (Spr. 29,2)*

33. Laß mich früh hören deine Gnade, — *denn ich hoffe auf dich. (Ps. 143,8)*

34. Was betrübst du dich, meine Seele — *und bist so unruhig in mir? (Ps. 42,6)*

35. Lehre uns bedenken, daß wir sterben müssen, — *auf daß wir klug werden. (Ps. 90,12)*

36. Denn meine Gedanken sind nicht eure Gedanken, — *und eure Wege sind nicht meine Wege, spricht der Herr. (Jes. 55,8)*

37. Weisheit ist besser — *denn Stärke. (Pred. 9,16)*

38. Der im Himmel wohnt, — *lachet ihrer. (Ps. 2,4)*

39. Kommt, laßt uns anbeten und knien — *und niederfallen vor dem Herrn, der uns gemacht hat. (Ps. 95,6)*

40. Ihr esset nun oder trinket oder was ihr tut, — *so tut es alles zu Gottes Ehre. (1. Kor. 10,31)*

41. Wo aber die Sünde mächtig geworden ist, — *da ist doch die Gnade viel mächtiger geworden. (Röm. 5,20)*

42. Schaffe in mir, Gott, ein reines Herz — *und gib mir einen neuen, gewissen Geist. (Ps. 51,12)*

43. Seid still, — *denn der Tag ist heilig. (Neh. 8,11)*

44. Du bist mein lieber Sohn, — *an dem ich Wohlgefallen habe. (Mark. 1,11)*

45. Gesegnet aber ist der Mann, der sich auf den Herrn verläßt — *und des Zuversicht der Herr ist. (Jer. 17,7)*

46. Gott legt uns eine Last auf, — *aber er hilft uns auch. (Ps. 68,20)*

47. Behüte deine Zunge vor Bösem — *und deine Lippen, daß sie nicht Trug reden. (Ps. 34,14)*

48. Der Herr ist mein Licht und mein Heil, — *vor wem sollte ich mich fürchten? (Ps. 27,1)*

49. Der Herr ist mein Hirte, — *mir wird nichts mangeln. (Ps. 23,1)*

50. Herr, ich habe lieb die Stätte deines Hauses — *und den Ort, da deine Ehre wohnt. (Ps. 26,8)*

51. Die Himmel erzählen die Ehre Gottes, — *und die Feste verkündigt seiner Hände Werk. (Ps. 19,2)*

52. Schmecket und sehet, — *wie freundlich der Herr ist. Wohl dem, der auf ihn traut! (Ps. 34,9)*

53. Durch Stillesein und Hoffen — *würdet ihr stark sein. (Jes. 30,15)*

54. Vater, vergib ihnen, — *denn sie wissen nicht, was sie tun. (Luk. 23,34)*

55. Alles Fleisch ist Gras, — *und all seine Güte ist wie eine Blume auf dem Felde. (Jes. 40,6)*

56. Mein Gott, mein Gott! — *Warum hast du mich verlassen? (Matth. 27,46)*

57. Ich freue mich im Herrn, — *und meine Seele ist fröhlich in meinem Gott. (Jes. 61,10)*

58. Folget mir nach, — *ich will euch zu Menschenfischern machen. (Matth. 4,19)*

59. Selig sind die Friedfertigen, — *denn sie werden Gottes Kinder heißen. (Matth. 5,9)*

60. Selig sind die Sanftmütigen, — *denn sie werden das Erdreich besitzen. (Matth. 5,5)*

61. Selig sind, die reinen Herzens sind, — *denn sie werden Gott schauen. (Matth. 5,8)*

62. Selig sind, die da geistlich arm sind, — *denn das Himmelreich ist ihr. (Matth. 5,3)*

63. Nun aber bleibt Glaube, Hoffnung, — *Liebe. (1. Kor. 13,13)*

64. Ihr esset nun oder trinket oder was ihr tut, — *so tut es alles zu Gottes Ehre. (1. Kor. 10,31)*

65. Gutes und Barmherzigkeit werden mir folgen mein Leben lang, — *und ich werde bleiben im Hause des Herrn immerdar. (Ps. 23,6)*

66. Machet die Tore weit — *und die Türen in der Welt hoch. (Ps. 24,7)*

67. Befiehl dem Herrn deine Wege und hoffe auf ihn, — *er wird's wohl machen. (Ps. 37,5)*

68. Ich bin der *Weinstock,* und ihr seid die Reben. *(Joh. 15,5)*

69. Ein neu Gebot gebe ich euch, — *daß ihr euch untereinander liebet. (Joh. 13,34)*

70. Seid *Täter des* Worts und nicht Hörer allein. *(Jak. 1,22)*

71. Liebet ihr mich, — *so haltet meine Gebote! (Joh. 14,15)*

72. Wenn ich den Menschen noch gefällig wäre, — *so wäre ich Christi Knecht nicht. (Gal. 1,10)*

73. Ich habe einen guten Kampf gekämpft, — *ich habe den Lauf vollendet, ich habe Glauben gehalten. (2. Tim. 4,7)*

74. Alle eure Sorge werfet auf ihn, — *denn er sorgt für euch. (1. Petr. 5,7)*

75. Wer den Sohn Gottes hat, — *der hat das Leben. (1. Joh. 5,12)*

76. Aber ohne Glauben ist's unmöglich, — *Gott zu gefallen. (Hebr. 11,6)*

77. Bleibet fest — *in der brüderlichen Liebe. (Hebr. 13,1)*

78. Glaubt ihr nicht, — *so bleibt ihr nicht. (Jes. 7,9)*

79. Widersteht dem Teufel, — *so flieht er von euch. (Jak. 4,7)*

80. Wer der Welt Freund sein will, — *der wird Gottes Feind sein. (Jak. 4,4)*

Auswahl-Antworten

Verschiedene Antworten sind auf die folgenden Fragen gegeben. Welche ist richtig?

1. In welchem Evangelium wird berichtet, daß Jesus in eine Krippe gelegt wurde?
   a) Markus
   b) *Lukas (Luk. 2,7)*
   c) Johannes

2. Was baute Noah?
   a) einen Tempel
   b) einen Altar
   c) *eine Arche (1. Mose 7; Matth. 24,38)*

3. Wie hieß der erste christliche Märtyrer?
   a) Jakobus
   b) *Stephanus (Apg. 7,58)*
   c) Paulus

4. Wer war Isaaks Frau?
   a) Rahel
   b) Sarah
   c) *Rebekka (1. Mose 24,67)*

5. Welches Buch der Bibel enthält die Worte «Selig ist, wer da liest ...»?
   a) Matthäus
   b) Sprüche
   c) *Offenbarung (Offb. 1,3)*

6. David sagte in einem Psalm: «Ach, daß die ... müßten zur Hölle gekehrt werden!» Wen meinte er?
   a) die Trunkenbolde
   b) *die Gottlosen (Ps. 9,18)*
   c) die Schlemmer

7. Was baute Jakob in Bethel?
   a) einen Tempel
   b) eine Leiter
   c) *einen Altar (1. Mose 28,18-22)*

8. In welchem Buch der Bibel finden wir die Stelle: «Gedenke an deinen Schöpfer in deiner Jugend!»?
   a) im Hohelied Salomos
   b) in den Sprüchen Salomos
   c) *im Prediger Salomo (Pred. 12,1)*

9. Wer taufte den äthiopischen Kämmerer?
   a) Petrus
   b) *Philippus (Apg. 8,38)*
   c) Paulus

10. Wer schlug beide, «den Löwen und den Bären»?
   a) Simson
   b) Daniel
   c) *David (1. Sam. 17,34-36)*

11. Wessen Frau wurde in eine Salzsäule verwandelt?
   a) Abrahams Frau
   b) *Lots Frau (1. Mose 19,26)*
   c) Moses Frau

12. Wer hat das Buch «Klagelieder» verfaßt?
   a) *Jeremia*
   b) Salomo
   c) David

13. Wie hieß die Frau des Königs Agrippa?
   a) Eunike
   b) *Bernice (Apg. 25,13 u. 23; 26,30)*
   c) Priscilla

14. Eine Schwiegertochter Naemis war Ruth. Wer war die andere?
   a) Delila

b) *Orpa (Ruth 1,4 u. 14)*
c) Dina

15. Wieviele Psalmen enthält die Bibel?
a) 100
b) *150*
c) 200

16. Womit wurden sechshundert Philister erschlagen?
a) *mit einem Ochsenstecken (Richt. 3,31)*
b) mit Gideons Schwert
c) mit Davids Stein

17. «Jaget nach dem Frieden gegen jedermann und der ..., ohne welche wird niemand den Herrn sehen.» Welches Wort fehlt?
a) Rechtschaffenheit
b) *Heiligung (Hebr. 12,14)*
c) Reue

18. Wen ließ König Herodes mit dem Schwert hinrichten?
a) *Johannes den Täufer (Matth. 14,10)*
b) Petrus
c) Stephanus

19. Wer sagte: «Wenn ich die Posaune blase und alle, die mit mir sind, so sollt ihr auch die Posaune blasen ...!»?
a) Josua
b) Mose
c) *Gideon (Richt. 7,18)*

20. Zu wessen Haus waren «viele Juden gekommen, sie zu trösten»?
a) *Maria und Martha (Joh. 11,19)*
b) Lydia
c) Hanna

21. Wer stieg auf einen Maulbeerbaum?
a) *Zachäus (Luk. 19,1-4)*

b) Hosea
c) Amos

22. Welches Evangelium enthält die Worte: «... des Namen sollst du Jesus heißen ...»?
a) *Matthäus (Matth. 1,21)*
b) Markus
c) Lukas

23. Wer war der jüngste Sohn Jakobs?
a) Josef
b) *Benjamin (1. Mose 43,29)*
c) Ephraim

24. Wer schrieb den ersten Timotheusbrief?
a) Timotheus
b) *Paulus (1. Tim. 1,1)*
c) Matthäus

25. Wer im Neuen Testament «trieb Zauberei und bezauberte das samaritische Volk»?
a) *Simon (Apg. 8,9)*
b) Alexander
c) Ananias

26. Wer entrann in die Höhle Adullam?
a) Simson
b) *David (1. Sam. 22,1)*
c) Josef

27. Wieviele Freistädte werden im 4. Buch Mose angegeben?
a) *6 (4. Mose 35,6)*
b) 7
c) 12

28. An welchem Bach sollte sich Elia verbergen?
a) *Krith (1. Kön. 17,3)*
b) Kidron
c) Jordan

29. Wer war der Vater Johannes des Täufers?
   a) Simon
   b) *Zacharias (Luk. 3,2)*
   c) Sacharja

30. Welches dieser Bücher enthält das Wort «Gott» nicht?
   a) *Esther*
   b) Prediger
   c) Jakobus

31. Wer hielt die «Bergpredigt»?
   a) Mose
   b) *Jesus (Matth. 5)*
   c) Johannes

32. Wer war Davids bester Freund?
   a) Saul
   b) *Jonathan (1. Sam. 18,3)*
   c) Salomo

33. Wo wurde Jesus geboren?
   a) in Nazareth
   b) in Jerusalem
   c) *in Bethlehem (Matth. 2,1)*

34. Welcher Name eines Bibelbuches bedeutet «Anfang»?
   a) Matthäus
   b) *Genesis (1. Buch Mose)*
   c) Deuteronomium (5. Buch Mose)

35. Wer war der Jünger, der gewählt wurde, um den Platz des Judas einzunehmen?
   a) Paulus
   b) Justus
   c) *Matthias (Apg. 1,26)*

36. Von welchen zwei Jungen werden die Kleider in der Bibel besonders erwähnt?
   a) *Samuel (1. Sam. 2,18 u. 19)*

b) Abel
c) *Josef (1. Mose 37,3)*
d) David

37. Was brachten die Weisen mit, als sie zu Jesus kamen?
   a) *Gold (Matth. 2,11)*
   b) wertvolle Edelsteine
   c) *Myrrhen (Matth. 2,11)*
   d) *Weihrauch (Matth. 2,11)*
   e) Nahrungsmittel

38. Wie endet die Seligpreisung «Selig sind, die reinen Herzens sind ...»?
   a) «... denn sie sollen das Erdreich besitzen»
   b) «... denn sie werden Gottes Kinder heißen»
   c) *«... denn sie werden Gott schauen» (Matth. 5,8)*

39. Wer war der erste Junge in der biblischen Geschichte?
   a) Adam
   b) *Kain (1. Mose 4,1)*
   c) Samuel
   d) David

40. Wo war Samuels Heimat?
   a) in Jerusalem
   b) *in Rama (1. Sam. 19,18)*
   c) in Ägypten

41. Wer half Jesus das Kreuz zu tragen?
   a) *Simon (Matth. 27,32)*
   b) Josef von Arimathia
   c) Pilatus

42. Wo steht das Gleichnis vom barmherzigen Samariter?
   a) im Johannesevangelium
   b) *im Lukasevangelium (Luk. 10,25-37)*
   c) in den Psalmen
   d) im 5. Buch Mose

43. Wer sprach die Worte: «Was ihr getan habt einem unter diesen meinen geringsten Brüdern, das habt ihr mir getan.»?

   a) Paulus
   b) *Jesus (Matth. 25,40)*
   c) Johannes der Täufer

44. Wer sagte: «Ich will mich aufmachen und zu meinem Vater gehen.»?

   a) Petrus
   b) *der verlorene Sohn (Luk. 15,18)*
   c) Paulus

45. Wie hieß die Hauptstadt Palästinas zur Zeit Jesu?

   a) Jericho
   b) Bethlehem
   c) *Jerusalem (Matth. 5,35)*
   d) Kapernaum

46. Welcher Vater hatte eine Tochter, die vom Tod auferweckt wurde?

   a) Nikodemus
   b) Josef
   c) *Jairus (Mark. 5,22-23)*

47. Zu welchem Stamm gehörte Jesus?

   a) Levi
   b) *Juda (Hebr. 7,14)*
   c) Benjamin
   d) Dan

48. Wer brachte Simon Petrus zu Jesus?

   a) Johannes
   b) *Andreas (Joh. 1,40-42)*
   c) Jakobus
   d) Philippus

49. Was bedeutet der Name «Petrus»?

   a) Kind

b) *Fels (Matth. 16,18; Joh. 1,42)*
c) Treue

50. Welche drei Jünger bezeugten die Verklärung Christi? *(Matth. 17,1-13)*
a) *Jakobus*
b) Andreas
c) *Petrus*
d) Matthäus
e) *Johannes*
f) Judas

Richtig oder falsch?

Bei den folgenden Sätzen ist zu entscheiden, ob die Behauptungen richtig oder falsch sind. Die falschen Sätze sind richtigzustellen.

1. Noahs Arche war aus Stahl. *(falsch: aus Zypressenholz, 1.Mose 6,14)*
2. Am Anfang schuf Abraham Himmel und Erde. *(falsch: Gott ist der Schöpfer, 1. Mose 1,1)*
3. Von David wird berichtet, daß er mehr Menschen nach seinem Tode erschlug als vorher zu Lebzeiten. *(falsch: es war Simson, Richt. 16,30)*
4. Noa war der Name einer Tochter des Zelophehad. *(richtig, Jos. 17,3)*
5. Pinehas war der Sohn des Hophni. *(falsch: die beiden waren Brüder, 1. Sam. 1,3)*
6. Ephraim war der erstgeborene Sohn Josefs. *(falsch: Manasse, 1. Mose 41,50-51)*
7. Mahlon und Chiljon waren die Ehemänner von Ruth und Orpa. *(richtig, Ruth 1,2-4)*
8. Jakob hatte 12 Söhne, aber keine Töchter. *(falsch: Dina war eine Tochter Jakobs, 1. Mose 30,21)*
9. Kedor-Laomor war König von Elam. *(richtig, 1. Mose 14,1)*
10. Josua und Kaleb waren Brüder. *(falsch: sie waren zwei Kundschafter, die in das Land Kanaan geschickt wurden, 4. Mose 14,30)*
11. Tabitha und Dorkas waren Schwestern. *(falsch: es sind andere Namen für Tabea, Apg. 9,36)*

12. Jesus mußte sein Kreuz den ganzen Weg bis Golgatha tragen. *(falsch: Simon half ihm, Matth. 27,32)*

13. Johannes der Täufer war einer der 12 Jünger. *(falsch: er war der «Vorläufer» Jesu, Matth. 3,3)*

14. Jesus wurde in seiner Heimatstadt Nazareth nicht anerkannt. *(richtig, Matth. 13,57)*

15. Der Mensch wurde für den Sabbat geschaffen. *(falsch: der Sabbat wurde für den Menschen geschaffen, 2. Mose 16,29)*

16. Johannes der Täufer schrieb das Johannesevangelium. *(falsch: es war der Apostel Johannes, Joh. 19,26; 20,31; 18,6; 19,30)*

17. Petrus zahlte für sich und Jesus die Tempelsteuer mit einem Geldstück, das er im Maul eines Fisches gefunden hatte. *(richtig, Matth. 17,24-27)*

18. Petrus wurde als der Lieblingsjünger Jesu bekannt. *(falsch: Johannes, Joh. 19,26)*

19. «Selig sind die Friedfertigen, denn das Himmelreich ist ihr.» *(falsch: «denn sie werden Gottes Kinder heißen», Matth. 5,9)*

20. «Selig sind, die sich sorgen, denn sie werden Gottes Kinder heißen.» *(falsch: «Selig sind die Friedfertigen ...», Matth. 5,9)*

21. Jakobus wurde als der ungläubige Jünger bekannt. *(falsch: Thomas, Joh. 20,24-29)*

22. Jesu Wirken dauerte drei Jahre. *(richtig, Luk. 3,23)*

23. Lazarus kletterte auf einen Baum, um Jesus zu sehen. *(falsch: Zachäus, Luk. 19,4)*

24. Lot schaute zurück, als er Sodom verließ. *(falsch: es war Lots Frau, 1. Mose 19,26)*

25. Um zu sehen, ob das Wasser zurückgeht, schickte Noah eine Taube aus. *(richtig, 1. Mose 8,8)*

26. Paulus besuchte Griechenland und predigte in Athen. *(richtig, Apg. 17,17)*

27. Barnabas war der erste christliche Märtyrer. *(falsch: Stephanus, Apg. 22,20)*

28. Saulus gab seine Zustimmung für die Ermordung des Stephanus. *(richtig, Apg. 8,1)*

29. Der Sanhedrin war ein jüdischer Tempel. *(falsch: es war der Rat der Juden, Matth. 5,22; Luk. 22,66; Apg. 4,5; 5,21)*

30. Der Jünger, der geleugnet hatte, Jesus zu kennen, mußte später Verfolgung erleiden, als er das Evangelium verkündete. *(richtig, Petrus)*

31. Paulus erweckte Lazarus vom Tode. *(falsch: Jesus, Joh. 11,43)*

32. Petrus, Jakobus und Johannes waren mit Jesus auf dem Berg der Verklärung. *(richtig, Matth. 17,1-2)*

33. Das Buch der Offenbarung wurde von Jakobus verfaßt. *(falsch: Johannes, Offb. 1,1)*

34. Timotheus schrieb den Brief, der seinen Namen trägt. *(falsch: Paulus, 1. Tim. 1,1)*

35. Petrus wusch die Füße der Jünger vor dem Abendmahl. *(falsch: Jesus, Joh. 13,3-4)*

36. Pilatus sagte, daß Jesus gekreuzigt werden müsse, da er behaupte, der König der Juden zu sein. *(falsch: er fand kein Fehl an ihm, Luk. 23,4)*

37. Der barmherzige Samariter half dem Mann, der unter die Räuber gefallen war. *(richtig, Luk. 10,33-35)*

38. Römische Soldaten kreuzigten Jesus zwischen zwei Dieben. *(richtig, Luk. 23,33)*

39. Petrus verteidigte Jesus tapfer bei der Gerichtsverhandlung vor Pilatus. *(falsch: er verleugnete ihn, Luk. 22,57)*

40. Judas gab vor, Jesus zu lieben, er zeigte aber durch seine Handlungsweise, daß ihm Geld wichtiger war. *(richtig, Luk. 22,1-6)*

41. Die Seligpreisungen und das Vaterunser sind ein Teil der Bergpredigt. *(richtig, Matth. 5)*

42. Während Jesus in der Wüste fastete und versucht wurde, warteten seine Jünger auf seine Rückkehr in Jerusalem. *(falsch: er hatte damals keine, Matth. 4,1-11; Mark. 1,12-13; Luk. 4,1-13)*

43. Johannes der Täufer bat Jesus, er möge ihn taufen. *(richtig, Matth. 3,13-15)*

44. Maria und Josef lebten in Ägypten, bis Herodes starb. *(richtig, Matth. 2,13-15)*

45. Herodes bat die Weisen, sie sollten ihm berichten, wenn sie Jesus gefunden haben, damit er ihn anbete. *(richtig: aber Herodes wollte Jesus nicht anbeten, Matth. 2,8)*

46. Jesus wurde in Jerusalem geboren. *(falsch: in Bethlehem, Luk. 2,4-7)*

47. Adam und Eva wurden aus dem Paradies vertrieben, weil sie Gott nicht gehorcht hatten. *(richtig, 1. Mose 3,23-24)*

48. Als Mose abwesend war, machten die Kinder Israel eine eiserne Schlange als Götzenbild. *(falsch: sie machten ein goldenes Kalb, 2. Mose 32,4)*

49. Mose führte die Kinder Israel in das gelobte Land Kanaan. *(falsch: es war Josua, 5. Mose 31,7)*

50. Aaron wurde der große Gesetzgeber genannt. *(falsch: Mose, Joh. 1,17)*

51. Nehemia weigerte sich, die Mauern Jerusalems wieder aufzubauen. *(falsch: er baute sie wieder auf, Neh. 2 u. 3)*

52. Jesaja war der Verfasser der Klagelieder. *(falsch: Jeremia, 2. Chron. 35,25)*

53. Elia siegte über die Baalspriester auf dem Berg Karmel. *(richtig, 1. Kön. 18,36-40)*

54. Esther war ein jüdisches Mädchen, das einen König von Persien heiratete. *(richtig, Esth. 2,17)*

55. Daniel versagte seinem König den Gehorsam, weil er die heidnischen Bräuche nicht mitmachen wollte. *(richtig, Dan. 6,14)*

56. Josua war der Führer der Israeliten nach dem Tod Moses. *(richtig, 5. Mose 34,9)*

57. Josef wurde in das Gefängnis geworfen, weil er dem König mitgeteilt hatte, es komme eine Hungersnot. *(falsch: Potiphars Frau war schuld, 1. Mose 39,7-20)*

58. Als Junge wurde Josef von seinen eigenen Brüdern als Sklave nach Ägypten verkauft. *(richtig, 1. Mose 37,28)*

59. Abraham war uneigennützig. Er erlaubte seinem Neffen, das beste Stück Land auszusuchen. *(richtig, 1. Mose 13,9)*

60. Die zwölf Kundschafter, die in das Land Kanaan gesandt wurden, berichteten, daß die Menschen dort sehr freundlich seien. *(falsch: keiner berichtete dies, 4. Mose 13,25-33)*

61. Simson tötete Goliath. *(falsch: David, 1. Sam. 17,50)*

62. Jonathan rettete David das Leben. *(richtig, 1. Sam. 19,1-7)*

63. David war der erste König Israels. *(falsch: Saul, 1. Sam. 11,15)*

64. Ruth war die Schwester Naemis. *(falsch: Ruth war Naemis Schwiegertochter, Ruth. 1,14)*

65. Absalom war verräterisch und hochmütig und er versuchte, König zu werden. *(richtig, 2. Sam. 15,1-12)*

66. Jesus konnte an Petrus nichts Gutes entdecken. *(falsch: Jesus sah große Möglichkeiten in Petrus, Luk. 5,10; Matth. 16,18-19)*

67. Petrus war ein jähzorniger Mensch. *(richtig, Joh. 18,10)*

68. Jesus gab seinen Jüngern den Auftrag, allen zu verkünden, daß er der Messias sei. *(falsch, Matth. 17,9; 28,18-20)*

69. Jesus sagte zu Petrus, daß er ihn verleugnen werde, bevor der Hahn krähe. *(falsch: er werde ihn dreimal verleugnet haben, bevor der Hahn kräht, Joh. 13,38)*

70. Josef ging nach Bethlehem, um sich schätzen zu lassen, da er zum Stamme Benjamin gehörte, der einst in Bethlehem gelebt hatte. *(falsch: Josef war aus dem Hause Davids, Luk. 2,4)*

71. Nur ein Engel offenbarte den Hirten die Geburt Jesu. *(richtig, Luk. 1,26-38)*

72. Ein Stern im Osten führte die Hirten zur Krippe, in der das Jesuskind lag. *(falsch: die Weisen wurden so geführt, Matth. 2,2)*

73. Die Bibel berichtet nicht, wieviele weise Männer aus dem Osten kamen, um das Jesuskind zu sehen. *(richtig, Matth. 2,1)*

74. Die Bibel sagt, daß die Weisen auf Kamelen ritten. *(falsch: die Bibel erwähnt die Kamele nicht, Matth. 2)*

75. Die Weisen sagten Josef, er solle das Jesuskind nach Ägypten bringen, um dem Zorn des Herodes zu entgehen. *(falsch: ein Engel tat dies, Matth. 2,13)*

76. Die Weisen trafen mit den Hirten nicht an der Krippe, in der Jesus lag, zusammen. *(richtig, Matth. 2,11; Luk. 2,15-20)*

77. Josef erhielt von einem Engel Gottes die Weisung, daß der Name des Kindes Jesus sein solle. *(richtig, Matth. 1,21)*

78. Die Soldaten brachen Jesus und den beiden Dieben die Beine, bevor sie sie vom Kreuze nahmen. *(falsch: sie durchbohrten Jesus die Seite, brachen aber nur den Dieben die Beine, Joh. 19,32-34)*

79. Jesus antwortete Pilatus, er sei zum König geboren. *(richtig, Joh. 18,37)*

80. Jesus sagte, daß Gott uns nicht vergeben werde, bevor wir nicht auch den anderen vergeben haben. *(richtig, Matth. 6,15)*

81. Jesus heilte einmal zehn Aussätzige, und alle, bis auf einen, kamen zurück, um zu danken. *(falsch: nur einer kam zurück, Luk. 17,15-17)*

82. Jesus bereitete einmal seinen Jüngern eine Fischmahlzeit. *(richtig, Joh. 21,9-12)*

83. Jesus sagte: «Du sollst deinen Nächsten lieben und deinen Feind hassen.» *(falsch: «du sollst deinen Feind lieben», Matth. 5,43-44)*

84. Jesus hat nie eine Schule besucht. *(falsch: alle jüdischen Jungen erhielten in der Synagoge Unterricht, vgl. Luk. 2,41-52; 4,16)*

85. Thomas verriet Jesus mit einem Kuß. *(falsch: Judas, Matth. 26,49)*

86. Jesus sagte zu Petrus: «Eines fehlt dir». *(falsch: er sagte es zu dem reichen Jüngling, Mark. 10,21)*

87. Judas lebte von dem Geld, das er durch den Verrat an Jesus erhalten hatte. *(falsch: er hängte sich auf, Matth. 27,3-5)*

88. Jesus aß niemals mit den Sündern, um kein schlechtes Beispiel zu geben. *(falsch: er aß mit ihnen; er kam, um sie zu retten, Matth. 9,11)*

89. Jesus dankte immer, bevor er aß. *(richtig, Matth. 14,19; 15,36; 26,26; Mark. 6,41; 8,6; 14,22; Luk. 9,16; 22,19; 24,30; Joh. 6,11)*

90. Wenn sein Leben in Gefahr war, mußte sich Jesus manchmal von der Öffentlichkeit zurückziehen. *(richtig, Matth. 14,13; 15,21; Mark. 3,7)*

91. Johannes der Täufer war angeklagt, er sei besessen, weil er Brot aß und Wein trank. *(falsch: Johannes aß nie Brot und trank nie Wein, Joh. 7,1; 8,59; 10,39)*

92. Der Teufel führte die Bibel an, als er Jesus versuchte. *(richtig, Matth. 4,6)*

93. Die Brüder Jesu waren seine treuen Nachfolger, als er auf Erden wirkte. *(falsch: erst nach seiner Auferstehung, Apg. 1,14)*

94. Die Größe Palästinas entsprach etwa der Größe der Bundesrepublik. *(falsch: Palästina war etwa so groß wie das Bundesland Hessen)*

95. Das Johannesevangelium ist das dritte Buch des Neuen Testaments. *(falsch: es ist das vierte)*

96. Jesus mußte so am Kreuz leiden, daß er sogar seine Mutter ganz vergaß. *(falsch: er bat Johannes, für seine Mutter zu sorgen, Joh. 19,27)*

97. Jesus und seine Jünger waren oft so damit beschäftigt, Gutes zu tun, daß sie sogar das Essen vergaßen. *(richtig, Matth. 16,5)*

98. Jesus sagte, keiner werde in das Himmelreich kommen, es sei denn, seine Gerechtigkeit sei besser als die des barmherzigen Samariters. *(falsch: als die der Schriftgelehrten und Pharisäer, Matth. 5,20)*

99. Die Mutter Jesu war dabei, als er sein erstes Wunder vollbrachte. *(richtig, Joh. 2,3)*

100. Petrus gewann den Wettlauf mit Johannes zum Grab des Herrn. *(falsch: Johannes gewann den Lauf, Petrus aber war der erste, der das Grab betrat, Joh. 20,4)*

101. Jesus erweckte die Schwiegermutter des Petrus vom Tode. *(falsch: er heilte ihr Fieber, Matth. 8,14-17)*

102. Nach seiner Auferstehung kam Jesus durch eine geschlossene Tür zu seinen Jüngern. *(richtig, Joh. 20,19)*

103. Jesus sagte: «So dir jemand einen Streich auf deinen rechten Backen gibt, so gib ihm einen Streich zurück.» *(falsch: «dem biete den anderen dar», Matth. 5,39)*

104. Jesus stellte und beantwortete Fragen im Tempel, als er zwölf Jahre alt war. *(richtig, Luk. 2,42-47)*

105. Jesus sagte, es stünden falsche Christusse auf, und sie würden große Wunder vollbringen, um Gottes Volk irrezuführen. *(richtig, Matth. 24,24)*

106. Jesus war das jüngste Kind in seiner Familie. *(falsch: er war das älteste von mindestens sieben Kindern, Matth. 1,25)*

107. Petrus war ein Jünger, der immer fest im Glauben zu Jesus stand. *(falsch: er kämpfte für Jesus, und verleugnete ihn dennoch, Matth. 26,72)*

108. Jesus verglich das Wachstum eines Senfkorns mit dem Wachstum eines Kindes. *(falsch: mit dem Wachstum des Himmelreichs, Matth. 13,31-33)*

109. Jesus sagte einmal, daß die Menschen im Jenseits verheiratet sein werden wie jetzt. *(falsch: Mark. 12,25)*

110. Jesus und seine Jünger sprachen einen Lobgesang, bevor sie in den Garten Gethsemane gingen. *(richtig, Matth. 26,30)*

111. Jesus heilte einst einen Tauben, der ging hinaus und brachte zwei Blinde, die Jesus sehend machen sollte. *(falsch: der Blinde, der sehend geworden war, brachte den Tauben mit, Matth. 9,27-32)*

112. Rahel war Leas Schwester. *(richtig, 1. Mose 29,16)*

113. Benjamin und Gideon waren Brüder. *(falsch: beide stammten jedoch von Jakob ab, 1. Mose 35,18; Richt. 6,11)*

114. Dina und Lea waren Schwestern. *(falsch: Lea war Dinas Mutter, 1. Mose 30,21)*

115. Simeon und Samuel waren Brüder. *(falsch: sie waren nicht verwandt miteinander, 1. Mose 29,33; 34,25; 1. Sam. 1,20)*

116. Hanna war Elis Frau. *(falsch: Hannas Mann hieß Elkana, 1. Sam. 1,1-2)*

117. Saul war Jonathans Vater. *(richtig, 1. Sam. 14,1)*

118. Debora war Baraks Schwester. *(falsch: Debora war Richterin, Barak ihr Feldherr, Richt. 4,4-16)*

119. Hophni und Pinehas waren Brüder. *(richtig, 1. Sam. 1,3)*

120. Josef und Sebulon waren Brüder. *(richtig: Halbbrüder, 1. Mose 30,20-24)*

121. Jakob verkaufte sein Erstgeburtsrecht an seinen Bruder Esau für ein Linsengericht. *(falsch: umgekehrt, 1. Mose 25,29-34)*

122. Jesus wurde in Nazareth geboren. *(falsch: Bethlehem, Matth. 2,1)*

123. Jesus verwandelte Wasser in Wein bei der Hochzeit in Kapernaum. *(falsch: in Kana, Joh. 2,1-11)*

124. Jesus berief Matthäus zum Jünger, als er beim Fischen war. *(falsch: er tat es, als Matthäus Steuern einzog, Matth. 9,9)*

125. Kain wurde von seinem Bruder Abel ermordet. *(falsch: umgekehrt! 1. Mose 4,8)*

126. Petrus war der Lieblingsjünger Jesu. *(falsch: Johannes, Joh. 19,26)*

127. Paulus erhielt sein Augenlicht wieder im Hause eines Mannes mit Namen Judas. *(richtig, Apg. 9,10-19)*

128. Die Dreieinigkeit weist auf: Maria, Josef und Jesus. *(falsch: Gott, Christus, Heiliger Geist)*

129. Vor Jesus wurden keine Wunder vollbracht. *(falsch)*

130. Gethsemane war das Dorf, wo Maria und Martha lebten. *(falsch: sie lebten in Bethanien, Luk. 10,38-39)*

131. Esther schrieb die Geschichte ihres Lebens auf, als sie im Gefängnis war. *(falsch: der Verfasser des Buches ist unbekannt)*

132. Die Lutherübersetzung der Bibel wird heute nicht mehr verwendet. *(falsch: die revidierte Lutherübersetzung ist immer noch die am meisten benutzte Übersetzung)*

133. Ein bekanntes Wort aus dem Alten Testament lautet: «Viel Steine gab's und wenig Brot.» *(falsch: es ist eine Stelle aus «Schwäbische Kunde», einem Gedicht von Ludwig Uhland)*

134. Das Matthäusevangelium ist das erste Buch des Neuen Testaments. *(richtig)*

135. Es gibt 14 Geschichtsbücher im Neuen Testament. *(falsch: nur ein Geschichtsbuch, die Apostelgeschichte)*

136. Einer der zwölf Apostel wurde Didymus genannt. *(richtig: Thomas, Joh. 11,16; Zwilling = Didymus)*

137. Elefanten werden in der Bibel nicht erwähnt. Daher können wir annehmen, daß diese Tiere den Menschen jener Zeit unbekannt waren. *(falsch: Elfenbein wurde viel verwendet und wird öfters in der Bibel erwähnt, 1. Kön. 10,18 u. 22; Hohel. 5,14; Hes. 27,6; Offb. 18,12)*

138. Paulus sagte: «... fürchte mich weder vor Hölle noch Teufel» *(falsch: diese Stelle stammt aus dem «Faust» von Goethe)*

139. Nebukadnezar sah drei Männer im Feuerofen. *(falsch: vier, Dan. 3,25)*

140. Sadrach, Mesach und Abed-Nego waren die richtigen Namen der drei Männer, die in den Feuerofen geworfen wurden. *(falsch: ihre hebräischen Namen waren: Hananja, Misael und Asarja, Dan. 1,7)*

141. Konfuzius war ein Zeitgenosse Moses. *(falsch: Konfuzius ist 551 v.Chr. geboren, Mose lebte über 1000 Jahre früher)*

142. Adam und Eva sündigten, weil sie den verbotenen Apfel aßen. *(falsch: ein Apfel wird in diesem Zusammenhang in der Bibel nie erwähnt)*

143. Obgleich sie dieselbe Geschichte erzählen, sind keine zwei Kapitel der Bibel einander genau gleich. *(falsch: 2. Kön. 19 und Jes. 37 sind genau gleich)*

144. Beltsazar war der Name, den Daniel erhielt, als er am Hofe Nebukadnezars war. *(richtig, Dan. 1,7)*

145. Jesus raufte einmal Ähren am Sabbat aus, um etwas zu essen zu haben. *(falsch: seine Jünger taten es, er verteidigte sie jedoch, Matth. 12,1-8)*

146. Die arme Witwe legte ein Scherflein ein, und Jesus lobte sie. *(falsch: zwei Scherflein, Mark. 12,42; Luk. 21,2)*

147. Johannes der Täufer trank keinen Wein. *(richtig, Matth. 3,4)*

148. Das Wort «Apostel» bedeutet Bote, Gesandter in Griechisch. *(richtig)*

149. Sidon war eine Stadt in Ägypten. *(falsch: in Phönizien)*

150. Das Buch Sirach ist im Neuen Testament. *(falsch: in den Apokryphen)*

150 biblische Fragen

1. Wofür verkaufte Esau sein Erstgeburtsrecht? *Linsengericht (1. Mose 25,34)*
2. Wer verriet Simson? *Delila (Richt. 16,18-19)*
3. Wem gab Gott die Zehn Gebote? *Mose (2. Mose 19,20; 2. Mose 20)*
4. Wie starb Stephanus? *Er wurde gesteinigt (Apg. 7,58)*
5. Wessen Tochter heiratete David und wie heißt sie? *Michal, die Tochter des Königs Saul (1. Sam. 18,27)*
6. Wer war Salomos Vater? *David (2. Sam. 5,14)*
7. Wen setzte Pharao zum Herrn über ganz Ägypten ein? *Josef (1. Mose 41,41)*
8. Wie hieß der jüngste Bruder Josefs? *Benjamin (1. Mose 35,23-26)*
9. Wie hieß der älteste Bruder Josefs? *Ruben (1. Mose 35,23)*
10. Welche Nahrung nahm Johannes der Täufer zu sich, als er in der Wüste lebte? *Heuschrecken und wilden Honig (Matth. 3,4)*
11. Welches ist das letzte Buch des Alten Testaments? *Maleachi*
12. Welches ist das letzte Buch des Neuen Testaments? *Offenbarung*
13. Wie waren Simon und Andreas miteinander verwandt? *Sie waren Brüder (Matth. 4,18)*
14. Welches Handwerk erlernte Jesus als Junge? *Zimmererhandwerk (Mark. 6,3)*
15. Wie heißt der Schluß des Wortes: «Widerstehet dem Teufel ...? ... *so fliehet er von euch.» (Jak. 4,7)*

16. Wie heißt der Schluß des Wortes: «Siehe, das ist Gottes Lamm ...? ... *das der Welt Sünde trägt.» (Joh. 1,29)*

17. Wie heißt der Schluß des Wortes: «Wenn eure Sünde gleich blutrot ist ...? ... *soll sie doch schneeweiß werden.» (Jes. 1,18)*

18. Wie heißt der Schluß des Wortes: «Niemand hat größere Liebe ...? ... *denn die, daß er sein Leben läßt für seine Freunde.» (Joh. 15,13)*

19. Wie heißt der Schluß des Wortes: «Was heißet ihr mich aber Herr, Herr ...? ... *und tut nicht, was ich euch sage?» (Luk. 6,46)*

20. Wie hieß die Mutter Josefs? *Rahel (1. Mose 30,25)*

21. Wie heißt der erste Teil des Vierten Gebots? *Du sollst deinen Vater und deine Mutter ehren ... (2. Mose 20,12)*

22. Wie hieß die Mutter Johannes des Täufers? *Elisabeth (Luk. 1,13)*

23. Wer waren die Freunde Jesu in Bethanien? *Maria, Martha und Lazarus (Joh. 11,1)*

24. An wen war die Bergpredigt gerichtet? *An Jesu Jünger (Matth. 5,2)*

25. Wer war der Arzt im Neuen Testament? *Lukas (Kol. 4,14)*

26. Wer war als Kind König und wie alt war er (Altes Testament)? *Josia, 8 Jahre (2. Kön. 22,1)*

27. Wer waren die beiden besten Freunde in der Bibel? *David und Jonathan (1. Sam. 18,3)*

28. Wie hieß Moses Schwester? *Miriam (2. Mose 15,20)*

29. Wie werden die ersten fünf Bücher der Bibel genannt? *Pentateuch (von den Juden: Thora)*

30. Wer wurde als der weiseste König bezeichnet? *Salomo (1. Kön. 5,11)*

31. Womit wurden die Israeliten in der Wüste ernährt? *Manna (Joh. 6,31; 2. Mose 16,35)*

32. Welchen Auftrag gab Gott Mose, als er zu ihm im brennenden Busch sprach? *Er sollte nach Ägypten gehen und die Israeliten herausführen (2. Mose 3,10)*

33. Wer sagte: «Der Mensch, vom Weibe geboren, lebt kurze Zeit und ist voll Unruhe»? *Hiob (Hiob 14,1)*

34. Wer sagte: «Wahrlich, ich sage euch: Einer unter euch wird mich verraten!»? *Jesus (Matth. 26,21)*

35. Welches ist der kürzeste Psalm? *Psalm 117*

36. Wer war Jakobs Lieblingssohn? *Josef (1. Mose 37,3)*

37. Wie lange zogen die Israeliten durch die Wüste? *40 Jahre (4. Mose 14,33)*

38. Wer waren Elimelechs Frau und Schwiegertöchter? *Naemi war seine Frau, Ruth und Orpa seine Schwiegertöchter (Ruth 1,2-4).*

39. Wie hieß der Sohn Abrahams und der Hagar, der von Sara verstoßen wurde? *Ismael (1. Mose 16,15)*

40. Wer begleitete Paulus auf seiner ersten Missionsreise? *Barnabas (Apg. 13,2)*

41. In welchem Land lebte Hiob? *Uz (Hiob 1,1)*

42. Welcher hochbetagte Jude segnete das Jesuskind im Tempel? *Simeon (Luk. 2,25-35)*

43. Unter welchem Namen wurde Jakob in späteren Jahren bekannt? *Israel (1. Mose 32,29)*

44. Welche Schwiegertochter Naemis kehrte nicht mit ihr zurück? *Orpa (Ruth 1,14)*

45. Wer wurde als der «große Jäger» bezeichnet? *Nimrod (1. Mose 10,9)*

46. Welches waren die drei berühmten Johannes im Neuen Testament? *Johannes, der Täufer (Matth. 3,1); Johannes, der Apostel (Luk. 5,10); Johannes Markus (Apg. 12,12)*

47. Wie hieß die Hauptstadt des assyrischen Reiches? *Ninive (1. Mose 10,11)*

48. Wer war Priester, als das Kind Samuel zum Tempel gebracht wurde? *Eli (1. Sam. 1,25)*

49. In welche Stadt gingen die beiden Jünger, als ihnen Jesus nach seiner Auferstehung begegnete und mit ihnen redete? *Emmaus (Luk. 24,13)*

50. Welches Land regierte König Hiram, der Salomo Material für den Tempelbau gab? *Tyrus (1. Kön. 5,15)*

51. Wie heißt der Schluß des Verses aus den Sprüchen: «Ein weiser Sohn ...? ... *ist seines Vaters Freude.*» *(Spr. 10,1)*

52. Welcher blinde Bettler erhielt bei Jericho durch Jesus sein Augenlicht wieder? *Bartimäus (Mark. 10,46)*

53. Wer sagte: «Ich weiß, daß mein Erlöser lebt, und als der letzte wird er über dem Staube sich erheben.»? *Hiob (Hiob 19,25)*

54. Welcher Stamm erhielt kein Stück von dem Land, das unter die Israeliten aufgeteilt wurde? *Levi (Jos. 13,33)*

55. Was antwortete Petrus, als Jesus fragte: «Wer sagt denn ihr, daß ich sei?» *«Du bist Christus, des lebendigen Gottes Sohn.» (Matth. 16,16)*

56. Wie heißt der Schluß des Wortes: «Gott ist Geist, und die ihn anbeten, die müssen ...? ... *ihn im Geist und in der Wahrheit anbeten.*» *(Joh. 4,24)*

57. Wie heißt der Schluß des Wortes: «Auge um Auge ...? ... *Zahn um Zahn.» (2. Mose 21,24)*

58. Wie heißt der Schluß der Worte des Petrus: «Silber und Gold habe ich nicht ...? ... *was ich aber habe, das gebe ich dir.» (Apg. 3,6)*

59. Wie heißt der Schluß des Wortes: «Und wie Mose in der Wüste eine Schlange erhöht hat ...? ... *also muß des Menschen Sohn erhöht werden.» (Joh. 3,14)*

60. Was trugen die Priester in der Hand, als sie die Mauern Jerichos umschritten? *Posaunen (Jos. 6,4)*

61. Was enthielt die Bundeslade? *Die Gesetzestafeln, einen Krug mit Manna, den grünenden Stab Aarons. (2. Mose 25,16; Hebr. 9,4; 4. Mose 17,16-28)*

62. Wie heißt der Hauptfluß Palästinas? *Jordan*

63. Wie oft wurden jüdische Wallfahrten nach Jerusalem durchgeführt? *Einmal im Jahr. (1. Sam. 1,21)*

64. Wie lange währte die Gefangenschaft in Ägypten? *430 Jahre (2. Mose 12,40)*

65. Für wieviel Silberlinge wurde Jesus verraten? *30 Silberlinge (Matth. 26,15)*

66. Welchem großen Mann des Alten Testaments erschien Gott in einem brennenden Busch? *Mose (2. Mose 3,2)*

67. Welcher Baum war die Zierde der palästinensischen Wälder, ein Symbol für Größe und Stolz? *Zeder (Jes. 2,13)*

68. Welches Handwerk übte der Apostel Paulus aus? *Zeltmacher, Teppichmacher (Apg. 18,3)*

69. Welche Rolle spielte Saulus bei der Steinigung des Stephanus? *Er paßte auf die Kleider derjenigen auf, die Stephanus steinigten. (Apg. 7,57)*

70. An wessen Grab weinte Jesus? *Lazarus (Joh. 11,35)*

71. Wer bat die Witwe in Zarpath, ihm einen Bissen Brot zu bringen? *Elia (1. Kön. 17,10)*

72. Wer sprach diese Worte und an wen waren sie gerichtet: «Es wird dir schwer werden, wider den Stachel auszuschlagen.»? *Jesus zu Saulus von Tarsus (Apg. 9,5)*

73. Zu wem sprach der Prophet Nathan diese Worte: «Du bist der Mann!» *David (2. Sam. 12,7)*

74. Wer sagte: «Saul, Saul, warum verfolgst du mich?» *Jesus (Apg. 9,4)*

75. Wer nur durfte einmal im Jahr und nur allein das Allerheiligste betreten? *Der Hohepriester (3. Mose 16)*

76. Wie heißt der Schluß des Wortes: «Es ist aber der Glaube eine gewisse Zuversicht des, das man hofft, und ein Nichtzweifeln an dem ...? *... das man nicht sieht.»(Hebr. 11,1)*

77. Wann war die neunte Stunde? *16 Uhr (Matth. 27,45-46)*

78. Wieviele Tage nach dem Passah-Fest war Pfingsten? *50 (3. Mose 15-16; 5. Mose 16,9-12)*

79. Welcher Apostel ist in Tarsus geboren? *Paulus, Saulus von Tarsus (Apg. 22,3)*

80. Welcher berühmte Lehrer in Jerusalem unterrichtete Saulus von Tarsus? *Gamaliel (Apg. 22,3)*

81. Was ist ein Hauptmann? *Ein Offizier der römischen Armee, der eine Hundertschaft befehligte. (Matth. 8,5; 27,54; Mark. 15,39; 44,45; Apg. 10,1)*

82. Wer schrieb die Apostelgeschichte? *Lukas (Kol. 4,14; 2. Tim. 4,11; Philem. 24)*

83. Welche Könige regierten über alle Stämme Israels? *Saul, David, Salomo*

84. Welcher Mann plante, seinen Feind zu erhängen, mußte ihn aber öffentlich ehren? Wer war sein Feind? *Haman und Mardochai (Esth. 5,14; 6,11)*

85. Wer wurde «der Träumer» genannt? *Josef (1. Mose 37,19)*

86. Wen nannte Jesus die «Donnersöhne»? *Jakobus und Johannes (Mark. 3,17)*

87. Wer war König, als David gegen Goliath kämpfte? *Saul (1. Sam. 17)*

88. Wer war König, als die Königin von Saba Salomo besuchte? *Salomo (1. Kön. 10)*

89. Wer war König von Juda, als der Engel des Herrn 185000 Krieger des assyrischen Heeres schlug? *Hiskia (2. Kön. 18-19; 2. Kön. 19,35)*

90. Wer war König, als Elia sich den Baalspriestern auf dem Berg Karmel zum Wettstreit stellte? *Ahab (1. Kön. 18)*

91. Wer sagte: «Bin ich meines Bruders Hüter?» *Kain (1. Mose 4,9)*

92. Wer sagte: «Hier bin ich, sende mich!» *Jesaja (Jes. 6,8)*

93. Welches sind die ersten Worte Jesu, die in der Bibel aufgezeichnet sind? *«Was ist's, daß ihr mich gesucht habt? Wisset ihr nicht, daß ich sein muß in dem, das meines Vaters ist?» (Luk. 2,49)*

94. Wer führte die Kinder Israel aus der ägyptischen Gefangenschaft? *Mose (2. Mose 3,7-10)*

95. Wie hieß der Mann, der die Bundeslade anrührte, als sie nach Jerusalem gebracht wurde, und tot zu Boden fiel? *Usa (2. Sam. 6,6-7)*

96. Wie hieß die zweite Frau Abrahams? *Ketura (1. Mose 25,1)*

97. Wie hieß die Tochter Jakobs? *Dina (1. Mose 30,21)*

98. Welche Frau fertigte Kleider für die Armen? *Tabea (Apg. 9,36)*

99. Wo befand sich der Apostel Johannes, als er die «Offenbarung» schrieb? *Auf der Insel Patmos (Offb. 1,9)*

100. Wieviel Mal bekam Mose die Zehn Gebote? *Zweimal (2. Mose 20; 5. Mose 5)*

101. Wieviel Missionsreisen unternahm Paulus? *Drei (Apg. 13-14; Apg. 16-18,22; Apg. 18,23)*

102. Welcher Christenverfolger bekehrte sich, nachdem er durch ein helles Licht geblendet worden war? *Saulus von Tarsus, später Paulus genannt (Apg. 9)*

103. Wer fertigte das goldene Kalb an? *Aaron (2. Mose 32)*

104. Wer wurde mit einer Steinschleuder getötet? *Goliath (1. Sam. 17,49)*

105. Wer sah eine Handschrift an der Wand? *Belsazer (Dan. 5)*

106. Wer spielte vor König Saul die Harfe? *David (1. Sam. 16,14-23)*

107. Wer verkaufte sein Erstgeburtsrecht für eine Mahlzeit? *Esau (1. Mose 25,29-34)*

108. Wer wurde in eine Löwengrube geworfen? *Daniel (Dan. 6,17)*

109. Wer erschlug mit dem Kinnbacken eines Esels viele Männer? *Simson (Richt. 15,15)*

110. Wer wurde im Schilf in einem Körbchen gefunden? *Mose (2. Mose 2,1-6)*

111. Wer wurde getötet, als er an seinem Haar in einem Baum hing? *Absalom (2. Sam. 18,9-14)*

112. Wer schaute zurück und erstarrte zu einer Salzsäule? *Lots Frau (1. Mose 19,26)*

113. Wer sagte im Sterben: «Herr, behalte ihnen diese Sünde nicht.»? *Stephanus (Apg. 7,59)*

114. Wen bezeichnete Gott als schlicht und recht und gottesfürchtig? *Hiob (Hiob 1,1)*

115. Wer wurde an Judas Stelle zum Jünger gewählt? *Matthias (Apg. 1,26)*

116. Wer sagte: «Kommt, sehet einen Menschen, der mir gesagt hat alles, was ich getan habe.» *Die Samariterin (Joh. 4,29)*

117. Welchen berühmten Tadel richtete einst Jesus an Petrus? *«Hebe dich weg von mir, Satan!» (Matth. 16,23 u. Mark. 8,33)*

118. Welches war die letzte Plage, die dem Pharao gesandt wurde, ehe er die Kinder Israel gehen ließ? *Tod der Erstgeburt (2. Mose 12,29-33)*

119. Was war der größte Beweis für die Riesenkräfte Simsons? *Als er mit bloßen Händen ein Haus zum Einsturz brachte. (Richt. 16,25-30)*

120. Wer gab dieses Rätsel auf? «Speise ging von dem Fresser und Süßigkeit von dem Starken.» *Simson (Richt. 14,14)*

121. Was war der Sanhedrin? *Der oberste Rat oder Gerichtshof der Juden. (Luk. 22,66)*

122. Wer war Mephiboseth? *Der verkrüppelte Sohn Jonathans. (2. Sam. 4,4)*

123. Woher wissen wir, daß Elisa kahlköpfig war? *Vom folgenden Bibelvers: «... die Kinder spotteten sein und sprachen zu ihm: Kahlkopf, komm herauf!» (2. Kön. 2,23)*

124. Wer war Malchus? *Ein Knecht des Hohepriesters, der*

von Petrus mit dem Schwert verwundet wurde. (Joh. 18,10)

125. Wer begleitete Paulus auf seiner zweiten Missionsreise? *Silas (Apg. 15,40)*

126. Aus welchen Teilen des Landes kamen die zwölf Jünger? *Alle aus Galiläa, ausgenommen Judas Ischariot, der aus Juda kam. (Matth. 4,18; 4,21; 9,9; Mark. 3,13-19)*

127. Wo wurde Jesus gekreuzigt? *Auf Golgatha, außerhalb Jerusalems. (Matth. 27,33)*

128. Welche Worte sprach Jesus am Kreuz?
«Vater, vergib ihnen, denn sie wissen nicht, was sie tun.» (Luk. 23,34)
«Heute wirst du mit mir im Paradiese sein.» (Luk. 23,43)
«Weib, dies ist dein Sohn. Siehe, das ist deine Mutter!» (Joh. 19,26-27)
«Mich dürstet!» (Joh. 19,28) — «Es ist vollbracht!» (Joh. 19,30) — «Mein Gott, warum hast du mich verlassen?» (Matth. 27,46) — «Vater, in deine Hände befehle ich meinen Geist.» — (Luk. 23,46)

129. Wer sagte: «Wenn ich mit dir sterben müßte, so will ich dich doch nicht verleugnen.»? *Petrus (Luk. 22,33; Matth. 26,35)*

130. Wer unternahm die erste Missionsreise nach Europa? *Paulus und Barnabas (Apg. 13,2)*

131. Warum schickte David Uria an die Front? *Er wollte Bathseba, Urias Frau, heiraten. (2. Sam. 11)*

132. Wer war der am meisten geprüfte Mann in der Bibel? *Hiob*

133. Wer war der Mann, der am Tor eines reichen Mannes lag und die Brosamen essen wollte, die von des Reichen Tische fielen? *Lazarus (Luk. 16,19-21)*

134. Welche Frau erlaubte den hebräischen Kundschaftern in ihrem Haus zu bleiben? *Rahab (Jos. 2)*

135. Wie ließ Rahab die Kundschafter entkommen? *Sie ließ sie an einem Seil zum Fenster hinaus. (Jos. 2,15)*

136. Welcher der Jünger Jesu war besonders jähzornig? *Petrus (Joh. 18,10)*

137. Wie hieß der erste Sohn Adams? *Kain (1. Mose 4,1)*

138. Wie lange war Mose auf dem Berg mit Gott allein? *40 Tage und Nächte (2. Mose 24,18)*

139. Wohin ging Jesus sofort nach seiner Taufe und wie lange blieb er dort? *In die Wüste, 40 Tage. (Matth. 4,1-2)*

140. Wie hieß der erste Heide (Nichtjude), der sich zum Christentum bekehrte? *Kornelius (Apg. 10)*

141. Welches neue Gebot gab Jesus? *«Ein neu Gebot gebe ich euch, daß ihr euch untereinander liebet, wie ich euch geliebt habe, auf daß auch ihr einander lieb habet.» (Joh. 13,34)*

142. Was geschah mit den 30 Silberlingen, die Judas für seinen Verrat an Jesus erhalten hatte? *Die Hohenpriester kauften damit den Töpferacker als Begräbnisstätte für Pilger. (Matth. 27,6-7)*

143. Welche drei Gleichnisse Jesu handeln von verlorenen Dingen? *Die Gleichnisse vom verlorenen Sohn, vom verlorenen Schaf, vom verlorenen Groschen. (Luk. 15)*

144. Was sagte Jesus am Ende des Gleichnisses vom barmherzigen Samariter? *«Gehe hin und tue desgleichen!» (Luk. 10,37)*

145. In welcher Stadt fand Paulus viele Götzen? *Athen (Apg. 17,16-23)*

146. Mit wem sprach Jesus über die Wiedergeburt? *Nikodemus (Joh. 3,3)*

147. Was betete Jesus im Garten von Gethsemane? *«Nicht mein, sondern dein Wille geschehe!» (Luk. 22,42)*

148. Wann wurden die Apostel vom Heiligen Geist erfüllt? *An Pfingsten (Apg. 2,1-13)*

149. Wer ging nach Samarien und verkündete dort das Evangelium? *Philippus (Apg. 8,5)*

150. Was geschah mit den Ägyptern, die die Kinder Israel verfolgten? *Sie ertranken im Roten Meer. (2. Mose 14,19-31)*

Was ist richtig?

Die folgenden Behauptungen enthalten einen oder mehrere Fehler. Es ist entweder der ganze, korrigierte Satz zu wiederholen, oder es sind nur die falschen Angaben zu nennen und zu verbessern. Die richtigen Sätze stehen kursiv.

1. Hosea, einer der weniger bekannten Jünger Jesu, schrieb das Buch, das seinen Namen trägt.
   Hosea, einer der hebräischen Propheten, schrieb das Buch, das seinen Namen trägt. (Hos. 1,1)

2. Der Jakobusbrief, den sehr wahrscheinlich ein Bruder Jesu verfaßt hat, ist nicht in der katholischen Bibelausgabe enthalten.
   Der Jakobusbrief, den sehr wahrscheinlich ein Bruder Jesu verfaßt hat, ist in allen Bibelausgaben enthalten.

3. Jeremia, einer der gläubigen Gehilfen des Paulus, kam vor Jesu Geburt zur Welt.
   Jeremia, einer der größten hebräischen Propheten, kam über 600 Jahre vor Jesus zur Welt.

4. Elisa, aus dessen Leben keinerlei Wunder bekannt sind, war im Prophetenamt der Nachfolger des berühmten Dichters Josua.
   Elisa, von dem allerhand Wunder und außergewöhnliche Taten berichtet werden, war ein Nachfolger des Elia und nicht des Josua, der ein militärischer Führer war. (2. Kön. 2,1-2,15)

5. Thomas, einer der zwölf Jünger, zweifelte nie an der Auferstehung Jesu.
   Obwohl Thomas einer der zwölf Jünger war, zweifelte er dennoch an der Auferstehung Jesu. (Joh. 20,24-29)

6. Der Berg Pisga ist bekannt, weil von seinem Gipfel Noah das Ende der Sintflut abwartete.

Der Berg Pisga ist bekannt, weil von seinem Gipfel aus Mose in das gelobte Land schaute. Die Arche setzte auf dem Berg Ararat auf. (5. Mose. 34,1-4; 1. Mose 8,4)

7. Palästina liegt an der Ostküste Afrikas und hat in der Weltgeschichte noch nie eine Rolle gespielt, ausgenommen als Geburtsort Jesu.
Palästina liegt am äußersten Ostende des Mittelmeeres und hat mindestens dreihundert Jahre lang eine wichtige Rolle in der Weltgeschichte gespielt. Jesus wurde in Bethlehem geboren.

8. Der Ölberg ist bekannt als Stätte, an der Mose die Zehn Gebote aus der Hand Gottes empfing.
Der Ölberg ist bekannt als Stätte der Himmelfahrt Christi. Mose empfing die Zehn Gebote auf dem Berg Sinai. (2. Mose. 19,20; Apg. 1,4-14)

9. Obwohl Jesus in Nazareth geboren wurde, verbrachte er nur kurze Zeit dort.
Jesus wurde in Bethlehem geboren. Er verbrachte jedoch die Zeit bis zu seinem dreißigsten Lebensjahr in Nazareth. (Matth. 2,1; Luk. 2,51)

10. Johannes der Täufer verkündete seine Botschaft in den Straßen Jerusalems. Doch kaum jemand nahm von seiner Botschaft Notiz.
Johannes der Täufer verkündete seine Botschaft in der Jordansenke. Sein Erfolg im Volk war so groß, daß auch König Herodes einen gewaltsamen Umsturz fürchten mußte. Auch Jesus kam zu Johannes dem Täufer. (Luk. 3,3)

11. Jesus verbrachte die meiste Zeit seines Lebens in Judäa, doch nur einer seiner Jünger war Judäer.
Jesus verbrachte die meiste Zeit seines Lebens in Galiläa. Elf seiner Jünger waren Galiläer, nur Judas stammte aus Judäa. (Luk. 2,51; 4,16)

12. Nachdem Lukas das Evangelium geschrieben hatte, das seinen Namen trägt, verfaßte er den Brief an die Hebräer.
Nachdem Lukas das Evangelium geschrieben hatte, das seinen Namen trägt, verfaßte er die Apostelgeschichte. (Apg. 1,1)

13. Die Nachfolger Jesu wurden in Jerusalem «Christen» genannt, doch das erste Hauptquartier der Bewegung war in Rom.
Die Nachfolger Jesu wurden zuerst in Antiochien «Christen» genannt, doch das erste Hauptquartier der Bewegung war in Jerusalem. (Apg. 11,26)

14. Abraham und Isaak waren als Herrscher für die Entwicklung und Verschönerung Jerusalems in erster Linie verantwortlich.
David und Salomo waren als Herrscher für die Entwicklung und Verschönerung Jerusalems in erster Linie verantwortlich. (2. Sam. 7; 1. Kön. 5-9)

15. Elisabeth, die Schwester der Mutter Jesu, war die Mutter Johannes des Täufers.
Elisabeth, eine Cousine der Mutter Jesu, war die Mutter Johannes des Täufers. (Luk. 1,57-60)

16. Jesus wurde in Bethanien geboren, wohin Maria und Josef gezogen waren, um dort ein neues Haus zu bauen.
Jesus wurde in Bethlehem geboren, wohin Maria und Josef gezogen waren, um sich für die Steuererhebung einschreiben zu lassen. (Luk. 2,4-5; Matth. 2,1)

17. Als Jesus Leviticus vom Tode erweckte, waren Miriam und Maria, die Schwestern des Verstorbenen, nicht dabei.
Als Jesus Lazarus vom Tode erweckte, waren dessen Schwestern Maria und Martha anwesend. (Joh. 11,1-45)

18. Jesus war dreißig Jahre alt, als er Jerusalem, die Hauptstadt des Römischen Weltreiches, zum ersten Male sah.
Jesus war zwölf Jahre alt, als er zum ersten Male Jerusalem, die jüdische Hauptstadt und Stätte des Tempels, sah. Als ganz kleines Kind war er allerdings schon einmal dort, vgl. Luk. 2,22; 2,41-42!.

19. Während der ganzen Zeit seines Wirkens wurde Jesus in Nazareth verehrt. Doch immer mied er Kapernaum.
Es scheint, daß Jesus niemals während seines Wirkens in Nazareth verehrt wurde. Doch in dem freundlich gesinnten Kapernaum blieb er eine Weile. (Luk. 2,39-40; Luk. 4,16; Matth. 13,53-58; Matth. 4,12-16)

20. Der Jordan ist der Hauptfluß Palästinas, und in seinem Wasser taufte Jesus viele, die zum Glauben gekommen waren.
Der Jordan ist der Hauptfluß Palästinas, und in seinem Wasser wurde Jesus getauft. (Matth. 3,13; Mark. 1,9)

21. Nachdem Josef von seinen mißgünstigen Brüdern nach Assyrien in die Sklaverei verkauft worden war, fiel sein Vater Abraham in großen Kummer.
Nachdem Josef von seinen mißgünstigen Brüdern nach Ägypten in die Sklaverei verkauft worden war, fiel sein Vater Jakob in großen Kummer. (1. Mose 37,31-34)

22. Ein Gleichnis ist gewöhnlich eine allegorische Erzählung, die sich auf ein aktuelles Ereignis bezieht.
Ein Gleichnis ist gewöhnlich keine allegorische Erzählung. Ein Gleichnis hat meist eine augenfällige Lehre, und die Personen besitzen keine Allgemeingültigkeit. Das erzählerische Beiwerk braucht sich nicht auf ein aktuelles Ereignis beziehen.

23. Elia trat auf dem Berge Karmel mit den Priestern des Jupiter in Wettstreit.
Elia trat auf dem Berge Karmel mit den Baalspriestern in Wettstreit. (1. Kön. 18,21-40)

24. Da Jesus selbst ein Pharisäer war, ist es erstaunlich, daß er sich so heftig gegen die Pharisäer gewandt hat.
Jesus war kein Pharisäer, und es war unvermeidlich, daß seine Ansichten mit denen der Pharisäer im Widerspruch standen. (Matth. 3,7; 5,20; 15,12; 16,16)

25. Adam und Eva lebten zuerst für eine kurze Zeit im Garten Gethsemane.
Adam und Eva lebten für eine kurze Zeit im Garten Eden. (1. Mose 2,15)

26. Barnabas begleitete Jesus auf seiner ersten Missionsreise.
Barnabas begleitete Paulus auf seiner ersten Missionsreise. (Apg. 13,2)

27. Nach seiner Taufe durch Petrus berief Jesus sogleich seine Jünger.
Nach seiner Taufe durch Johannes den Täufer ging Jesus allein in die Wüste und wurde dort versucht. (Matth. 3,13; 4,1)

28. Johannes der Täufer wurde auf Befehl des Pilatus, der durch eine Tänzerin dazu verführt wurde, durch den Strick hingerichtet.
Johannes der Täufer wurde auf Befehl des Königs Herodes Antipas, der durch eine Tänzerin dazu verführt wurde, durch Köpfen hingerichtet. (Matth. 14,1-12)

29. Aus Reue über die Verleugnung Jesu beging Petrus Selbstmord und Judas weinte bitterlich.
Aus Reue über die Verleugnung Jesu weinte Petrus bitterlich und Judas beging wegen seines Verrats Selbstmord. (Matth. 26,75; 27,5)

30. Jona floh auf den See Genezareth statt nach Babylon zu gehen, wie es ihm Gott befohlen hatte.
Jona floh auf das Mittelmeer, statt nach Ninive zu gehen, wie es ihm Gott befohlen hatte. (Jona 1)

31. Saulus von Tarsus wurde, nachdem er des Nachts mit Jesus über die Wiedergeburt diskutiert hatte, ein führender Jünger.
Saulus von Tarsus sah Jesus niemals zu seinen Lebzeiten auf der Erde. Vor seiner Bekehrung war Saulus ein Verfolger der Christen. (Apg. 8,1-4; 9,1-6)

32. Ruth war die Schwiegermutter der Naemi, deren Heirat mit David sie plante.
Naemi war die Schwiegermutter Ruths, deren Heirat mit Boas sie plante. (Ruth 3,1; 1,3)

33. Titus, ein Gehilfe des Paulus, ist der Verfasser des Buches im Neuen Testament, das seinen Namen trägt.
Titus war einer der Gehilfen des Paulus, aber der Titusbrief wurde von Paulus geschrieben. (Tit. 1,1-4)

34. Jesus wird der gute Hirte genannt, weil er den 23. Psalm geschrieben hat.
David, nicht Jesus, schrieb den 23. Psalm. Jesus nannte sich selbst einen guten Hirten.

35. David und König Saul hielten treu zueinander bei ihrer gemeinsamen Bestimmung, die Philister zu unterwerfen.
Obwohl David und König Saul gegen die Philister kämpften, waren sie keine Freunde. (1. Sam. 18,8)

36. Samuel war der letzte der Richter und der erste König.
Samuel war der letzte der Richter, und Saul war der erste König. (1. Sam. 10; 1. Sam. 12)

37. Als Paulus die Bergpredigt beendet hatte, folgte ihm eine große Menge.
Als Jesus die Bergpredigt beendet hatte, folgte ihm eine große Menge. (Matth. 8,1)

38. Als Jesus in Jericho einzog, rief die Menge: «Hosianna, dem Sohn der Maria!»
Als Jesus in Jerusalem einzog, rief die Menge: «Hosianna, dem Sohne Davids!» (Matth. 21,1-11)

39. Zwei Mörder wurden neben Jesus gekreuzigt, und beide beschimpften ihn.
Zwei Mörder wurden neben Jesus gekreuzigt. Einer beschimpfte ihn, doch der andere bat um seinen Segen. (Matth. 27,38; Mark. 15,27; Luk. 23,32; 23,39-43)

40. «Als ich ein Mann war, sprach ich wie ein Mann; als ich aber ein Mann wurde, legte ich die kindischen Dinge ab.»
«Da ich ein Kind war, redete ich wie ein Kind, da ich aber ein Mann ward, tat ich ab, was kindisch war.» (1. Kor. 13,11)

41. David wurde in die Löwengrube geworfen.
Daniel wurde in die Löwengrube geworfen. (Dan. 6,13)

42. Der Herr machte ein Zeichen an Abel, daß ihn niemand erschlüge.
Das Zeichen erhielt Kain, nicht Abel. (1. Mose 4,15)

43. Der König Salomo hatte vor, das Kind Jesus zu töten.
Der König Herodes hatte vor, das Kind Jesus zu töten. (Matth. 2,13)

44. Die Arche wurde von Mose gebaut.
Die Arche wurde von Noah gebaut. (1. Mose 6,9-22)

45. Jesus auferstand am Karfreitag.
Jesus auferstand an Ostern. (Matth. 26,17; 28,1-6)

46. David wollte seinen Sohn auf dem Altar als Opfer darbringen.
Abraham wollte seinen Sohn auf dem Altar als Opfer darbringen. (1. Mose 22)

47. Davids Freunde wurden in den Feuerofen geworfen.
Daniels Freunde wurden in den Feuerofen geworfen. (Dan. 3)

48. Jesus wurde von dem Apostel Johannes getauft.
Jesus wurde von Johannes dem Täufer getauft. (Matth. 3)

49. Jesus wurde in der Stadt Nazareth geboren.
Jesus wurde in Bethlehem geboren. (Matth. 2,1)

50. Kain erschlug seinen Bruder Esau.
Kain erschlug seinen Bruder Abel. (1. Mose 4,8)

51. Der erste Vers der Bibel beginnt: «Die Erde war wüst und leer ...»
Der erste Vers der Bibel beginnt: «Am Anfang schuf Gott Himmel und Erde ...» (1. Mose 1,1)

52. Nebukadnezar war der älteste Mann, von dem die Bibel berichtet.
Methusalem war der älteste Mann, von dem die Bibel berichtet. (1. Mose 5,27)

53. Viele Psalmen wurden von Paulus geschrieben.
Viele Psalmen wurden von David geschrieben.

54. Die Offenbarung ist das erste Buch der Bibel.
Die Offenbarung ist das letzte Buch der Bibel.

55. Jona wurde von einem Löwen verschlungen.
Jona wurde von einem großen Fisch verschlungen. (Jona 2,1)

56. Simsons Stärke lag in seinen Armen.
Simsons Stärke lag in seinem Haar. (Richt. 16,17)

57. Esau und Jakob waren die ersten Brüder, die in der Bibel erwähnt werden.
Kain und Abel waren die ersten Brüder, die in der Bibel erwähnt werden. (1. Mose 4,2)

58. Als der König von Saba König David besuchte, sagte er, daß ihm nicht ein Viertel der Weisheit des hebräischen Königs berichtet worden war.
Als die Königin von Saba König Salomo besuchte, sagte sie, daß ihr nicht die Hälfte der Weisheit des hebräischen Königs berichtet worden war. (1. Kön. 10,7)

59. Als drei der Helden Davids ihm Wasser vom Brunnen in Jerusalem brachten, bestand er darauf, daß sie vor ihm tränken.
Es war der Brunnen zu Bethlehem unter dem Tor. David aber wollte es nicht trinken, sondern goß es aus dem Herrn. (2. Sam. 23,15-16)

60. Als Sisera vor Saul floh, fand er Zuflucht in dem Zelt der Debora.
Als Sisera vor Barak floh, suchte er Zuflucht im Zelt der Jael, die ihn mit einem Zeltpflock tötete, den sie ihm durch die Schläfen trieb, als er schlief. (Richt. 4,17-21)

61. Lea, die sechs Söhne hatte, war die erste, die Jakobs Zuneigung fand.
Rahel, die Mutter Josefs und Benjamins, war Jakobs erste und größte Liebe. (1. Mose 29,18; 1. Mose 30)

Allerlei Interessantes aus der Bibel

1. Es sind 3 **Edelsteine** zu nennen, die in der Bibel vorkommen:
Karneol (Offb. 4,3), Topas (Hiob 28,19), Smaragd (Offb. 4,3), Rubin (Hes. 27,16), Saphir (Jes. 54,11), Hyazinth (Offb. 21,20), Achat (Offb. 21,20), Chrysopras (Offb. 21,20), Chrysolith (Hes. 1,16), Onyx (Offb. 21,20), Jaspis (Offb. 4,3), Diamant (Jer. 17,1), Bergkristall (Hes. 1,22) ...
2. Es sind 3 **Berge** zu nennen, die in der Bibel vorkommen:
Ararat (1. Mose 8,4), Abarim (4. Mose 27,12), Basan (Ps. 68,16), Nebo (4. Mose 33,47), Ölberg (Matth. 24,3), Bethel (1. Sam. 13,2), Gilboa (1. Sam. 28,4), Hermon (5. Mose 3,8), Zion (Ps. 2,6), Pisga (4. Mose 21,20), Sinai (2. Mose 19,18) ...
3. Es sind 3 **Flüsse** zu nennen, die in der Bibel vorkommen:
Kidron (2. Sam. 15,23), Krith (1. Kön. 17,3), Chebar (Hes. 1,1 u. 3), Euphrat (1. Mose 2,14), Nil (1. Mose 41,1), Jordan (Matth. 3,6), Kison (Richt. 4,7), Kana (Jos. 16,8) ...
4. Es sind 3 **Musikinstrumente** zu nennen, die in der Bibel vorkommen:
Harfe (1. Sam. 16,23), Posaune (Richt. 3,27), Flöte (Hiob 21,12), Zither, Schalmei (1. Chron. 15,16-24), Zimbel (2. Sam. 6,5), Pauke, Geige (1. Sam. 18,6), Laute (Dan.3,5), Dudelsack, Schofar = Widderhorn (Amos 3,6), Trommel, Sistrum (2. Sam. 6,5) ...
5. Es sind 3 **Krankheiten** zu nennen, die in der Bibel vorkommen:
Besessenheit (Mark. 5,2-5), Pest (2. Sam. 24,15-16), Lepra (3. Mose 13), Epilepsie (Matth. 4,24), Malaria (Matth. 8,14), Taubheit (3. Mose 19,14), Schwindsucht (Jes. 10,16), Muskelschwund (Sach. 11,17), Blindheit (3. Mose 19,14), Lähmung (Matth. 4,24), Gicht (Matth. 8,6)

6. Es sind 3 **Reptilien** zu nennen, die in der Bibel vorkommen:
Krokodil (Hiob 40,25-41), Eidechse; Dornschwanz (3. Mose 11), Waran, Gecko, Chamäleon, Schlangen (1. Mose 3,15); Hornviper (1. Mose 49,17), Sandschlange (Jes. 34,15), Brillenschlange, Frosch (2. Mose 8,1) ...

7. Es sind 3 **Haustiere** zu nennen, die in der Bibel vorkommen:
Schaf (3. Mose 3,9), Pferd (1. Mose 41,43), Rind (1. Sam. 6,7), Kamel (1. Mose 37,25), Schwein (3. Mose 11,7), Hund (Hiob 30,1), Ziege (1. Mose 30,32), Esel (Jes. 1,3), Maultier (2. Sam. 13,29) ...

8. Es sind 3 **Früchte** zu nennen, die in der Bibel vorkommen:
Apfel (Joel 1,12), Feige (1. Mose 3,7), Olive (Richt. 9,8), Dattel (1. Mose 43,11), Mandeln (Jer. 1,11), Trauben (Micha 4,4), Nüsse (Hohel. 6,11) ...

9. Es sind 3 **wilde Tiere** zu nennen, die in der Bibel vorkommen:
Löwe (Richt. 14,5), Fuchs (Richt. 15,4), Wiesel (3. Mose 11,29), Bär (1. Sam. 17,34), Leopard (Hohel. 4,8), Wolf (Hab. 1,8), Schakal, Hyäne (1. Sam. 13,18) ...

10. Es sind 3 **Bäume** zu nennen, die in der Bibel vorkommen:
Eiche (Jes. 6,13), Pistazie (1. Mose 43,11), Johannisbrotbaum (Luk. 15,16), Zeder (1. Kön. 4,33), Zypresse (Hes. 27,5), Pinie (Jes. 41,19), Fichte (Jes. 44,14), Platane (1. Mose 30,37), Pappel (Hos. 4,13), Weide (Hes. 17,5), Thuja (Offb. 18,12), Tamariske (1. Mose 21,33), Akazie (2. Mose 25,10), Lotosbusch (Hiob 40,21-22) ...

11. Es sind 3 **Vögel** zu nennen, die in der Bibel vorkommen:
Eule (Jes. 13,21), Schwalbe (Jer. 8,7), Taube, Sperling (Matth. 10,29 u. 31), Rabe (1. Mose 8,7), Adler (5. Mose 28,49), Pelikan (Jes. 34,11), Geier (Hiob 39,27-28), Falke (Hiob 39,26), Storch (Jer. 8,7), Reiher (3. Mose

11,18), Kormoran (3. Mose 11,17), Kranich (Jer. 8,7), Möwe (5. Mose 14,15), Rebhuhn, Wachtel, Wiedehopf (3. Mose 11,19), Huhn (Matth. 26,34), Pfau (1. Kön. 10,22) ...

12. Es sind 3 **Frauen** aus der frühen biblischen Geschichte zu nennen:
    Sara (1. Mose 11,29), Hagar (1. Mose 16,1), Jochebed (2. Mose 6,20) ...

13. Es sind 3 **Männer** aus der frühen biblischen Geschichte zu nennen:
    Adam (1. Mose 3,8), Lot (1. Mose 11,27), Noah (1. Mose 6,8) ...

14. Es sind 3 **Männer** aus dem Neuen Testament zu nennen (keine Jünger):
    Nikodemus (Joh. 3,1), Lazarus (Joh. 11,1), Kornelius (Apg. 10,1) ...

15. Es sind 3 **Frauen** aus dem Neuen Testament zu nennen:
    Maria (Luk. 1,27), Salome (Mark. 15,40), Priscilla (Apg. 18,2) ...

16. Es sind 3 **Könige** (vor der Teilung des Reiches) zu nennen:
    Saul (1. Mose 36,37), David (1. Sam. 16,13), Salomo (1. Kön. 5,1) ...

17. Es sind 3 **Könige** (nach der Teilung des Reiches) zu nennen:
    Jerobeam (1. Kön. 11,26), Ahab (1. Kön. 16,28), Jehu (1. Kön. 19,16) ...

18. Es sind 3 **Könige von Juda** (nach der Teilung) zu nennen:
    Rehabeam (1. Kön. 11,43), Asa (1. Kön. 15,8), Joas (2. Kön. 12,2), Hiskia (2. Kön. 16,20) ...

19. Es sind 3 **Könige fremder Reiche** zu nennen, die in der Bibel erwähnt werden:

Cyrus oder Kores (Jes. 44,28), Hiram (2. Sam. 5,11), Sanherib (2. Kön. 18,13) ...

20. Es sind 3 **Königinnen fremder Reiche** zu nennen, die in der Bibel erwähnt werden:
Königin von Saba (1. Kön. 10,1), Kandaze (Apg. 8,27), Vasthi (Esth. 1,9) ...

21. Es sind 3 **große Führer** Israels zu nennen:
Mose (2. Mose 11,3), Josua (2. Mose 17,9), Esra (Esra 7,1) ...

22. Es sind 3 israelische **Heerführer** zu nennen, die in der Bibel erwähnt werden:
Gideon (Richt. 6,13), Joab (2. Sam. 2,18), Abner (1.Sam. 14,50) ...

23. Es sind 3 **Richter** aus der Bibel zu nennen:
Simson (Richt. 13,24), Debora (Richt. 4,4), Jephta (Richt. 11,1) ...

24. Es sind 3 **große Propheten** aus der Bibel zu nennen:
Jesaja (Jes. 1,1), Jeremia (Jer. 1,1), Hesekiel (Hes. 1,3)

25. Es sind 3 **Hirten,** die in der Bibel erwähnt werden, zu nennen:
Abel (1. Mose 4,2), Mose (2. Mose 2,10), David (1. Sam. 17,12) ...

26. Es sind 3 **Ackerbauern** aus der Bibel zu nennen:
Kain (1. Mose 4,2), Isaak (1. Mose 17,19), Noah (1. Mose 5,29) ...

27. Es sind 3 besonders **gottlose Frauen** aus der Bibel zu nennen:
Isebel (1. Kön. 18,13), Athalja (2. Chr. 24,7), Herodias (Matth. 14,3 u. 6) ...

28. Es sind 3 **schöne Frauen** aus der Bibel zu nennen:
Bathseba (2. Sam. 11,3), Vasthi (Esth. 1,9), Esther (Esth. 2,7), Rahel (1. Mose 29,18) ...

29. Es sind 3 **sehr reiche Männer** aus der Bibel zu nennen:
Abraham (1. Mose 24,6), Salomo (1. Kön. 10,23), Hiob (Hiob 1,1) …

30. Es sind 3 **Missionare** aus der Bibel zu nennen:
Paulus (Apg. 13,9), Philippus (Apg. 8,5), Barnabas (Apg. 13,2) …

31. Es sind 3 **Aussätzige,** die in der Bibel genannt werden, zu nennen:
Naeman (2. Kön. 5,1), Gehasi (2. Kön. 5,27), Usia (2. Chr. 26,20) …

32. Es sind 3 **junge Männer (Juden)** zu nennen, die in fremden Ländern zu Ehren kamen:
Josef (1. Mose 39,6), Daniel (Dan. 6,3), Nehemia (Neh. 8,9) …

33. Es sind 3 «**kleine**» **Propheten** zu nennen:
Hosea (Hos. 1,1), Joel (Joel 1,1), Amos (Am. 1,1) …

34. Es sind 3 **Kinder** zu nennen, die in der Bibel genannt werden:
Der Sohn der Sunamitin (2. Kön. 4,8-37), der Junge mit den Broten und Fischen (Joh. 6,9), die Tochter des Jairus (Mark. 5,23) …

35. Es sind 3 **geschickte Jäger** zu nennen, von denen die Bibel berichtet:
Nimrod (1. Mose 10,9), Esau (1. Mose 25,27), Simson (Richt. 15,4) …

36. Es sind 3 **Personen** zu nennen, von denen die Bibel berichtet, daß sie **vom Tod auferweckt** wurden:
Lazarus (Joh. 11,43), der Sohn der Sunamitin (2. Kön. 4,8-37), Tabea (Apg. 9,40) …

37. Es sind 3 **Personen zu nennen, die diese Wunder** vollbrachten:
Christus (Joh. 11,41), Elisa (2. Kön. 4,32-34), Petrus (Apg. 9,40)

38. Es sind 3 **Länder** aus der Zeit des Alten Testaments zu nennen:
Kanaan (1. Mose 11,31), Ägypten (1. Mose 12,10), Assyrien (Jes. 19,23) …

39. Es sind 3 **Länder** aus der Zeit des Neuen Testaments zu nennen:
Griechenland (Apg. 20,2), Italien (Apg. 28,14), Mazedonien (Apg. 16,10) …

40. Es sind 2 **Freundespaare** aus der Bibel zu nennen:
David und Jonathan (1. Sam. 18,3), Ruth und Naemi (Ruth 1,14) …

Wer gehört dazu?

Es sind die biblischen Gestalten zu nennen, die zu den folgenden Begriffen und Redewendungen gehören:

1.	Der Garten Eden:	*Adam und Eva (1. Mose 3,8)*
2.	30 Silberlinge:	*Judas (Matth. 26,15)*
3.	Die Arche:	*Noah (Matth. 24,38)*
4.	Dreifache Verleugnung:	*Petrus (Luk. 22,57)*
5.	Goldstange:	*Achan (Jos. 7,21)*
6.	Zeltstock:	*Jael oder Sisera (Richt. 4,17-24)*
7.	Der brennende Busch:	*Mose (2. Mose 3,2)*
8.	Das goldene Kalb:	*Aaron (2. Mose 32,4)*
9.	Der Ölkrug:	*Elisa (2. Kön. 4,2)*
10.	Eiterbeulen:	*Hiob (Hiob 2,7)*
11.	Das rote Seil:	*Rahab oder die zwei Kundschafter (Jos. 2,1)*
12.	Die Schleuder:	*David und Goliath (1. Sam. 17)*
13.	Der bunte Rock:	*Josef (1. Mose 37,3)*
14.	Die Salzsäule:	*Lots Frau (1. Mose 19,26)*
15.	Der Linkshänder:	*Ehud (Richt. 3,15)*
16.	Schaffell:	*Gideon (Richt. 6,36-40)*
17.	Der Kraftmensch:	*Simson (Richt. 14-16)*
18.	Der große König:	*Saul (1. Sam. 17-27)*

19. Die treue Freundschaft: *David und Jonathan (1. Sam. 18,3)*

20. Die sündhafte, ränkevolle Königin: *Isebel (2. Kön. 9,22)*

21. Der Kahlkopf: *Elisa (2. Kön. 2,23)*

22. Der klagende Prophet: *Jeremia (Klagelieder)*

23. Das Feld voller Totengebeine: *Hesekiel (Hes. 37,1)*

24. Die Löwengrube: *Daniel (Dan. 6,8)*

25. Eine Krippe: *Jesuskind (Luk. 2,7)*

26. Der Zweifler: *Thomas (Joh. 20,27)*

27. Der Märtyrer: *Stephanus (Apg. 7,58)*

28. Der Vorläufer: *Johannes der Täufer (Matth. 3,1)*

29. Die 300 Mann: *Gideon (Richt. 7,7)*

30. Das Purimfest: *Esther, Haman (Esth. 9,17-32)*

ABC-Quiz

Die Antworten in diesem Teil sind alphabetisch.

A. Von welchem Sohne Davids werden das schöne Aussehen und sein Haar genannt? *Absalom (2. Sam. 14,25)*
Welches war der hebräische Name für Abed-Nego? *Asarja (Dan. 1,7)*
Wer wurde «Vater des Glaubens» genannt? *Abraham (Röm. 4,11)*
Welchen Namen gab Eva ihrem zweiten Sohn? *Abel (1. Mose 4,2)*
Aus welchem Land führte Mose die Israeliten? *Ägypten (2. Mose 3,10)*
Wer war der erste Mann? *Adam (1. Mose 1,27)*

B. Mit welchem Turm versuchten die Menschen, den Himmel zu erreichen? *Babel (1. Mose 11,1-8)*
Wer war einer von Hiobs Freunden? *Bildad (Hiob 2,11)*
Welcher reiche Mann hieß Ruth Ähren auf seinem Feld lesen und heiratete sie später? *Boas (Ruth 2)*
Wer sah eine Hand, die an die Wand schrieb? *Belsazer (Dan. 5,5)*
Welcher König feierte ein großes Fest mit seinen tausend Mächtigen und trank Wein aus den goldenen Tempelgefäßen der Juden? *Belsazer (Dan. 5,1-4)*
Welchen Mörder wählten die Juden, um ihn statt Jesus freizulassen, als Pilatus sagte, er wolle einen von beiden freigeben? *Barabbas (Matth. 27,21)*

C. Wie hieß der Diener Joabs, der David die Nachricht vom Tode Absaloms überbrachte? *Chusi (2. Sam. 18,21)*
Wie hieß der Landpfleger in Syrien zur Zeit der Geburt Jesu? *Cyrenius (Luk. 2,2)*
Wie hieß der Ehemann Johannas, einer der Nachfolgerinnen Jesu? *Chusa (Luk. 8,3)*
Wie hieß die uns unbekannte wohlhabende Frau in Ko-

rinth, durch deren Sklaven Paulus von der Gruppenbildung in der korinthischen Gemeinde hörte? *Chloe (1. Kor. 1,11)*

Wen lagerte Gott vor den Garten Eden nach der Vertreibung von Adam und Eva? *Cherubim (1. Mose 3,24)*

An welcher Insel im Ägäischen Meer, vor der Küste Kleinasiens, fuhr Paulus vorbei? *Chios (Apg. 20,15)*

D. Welche Frau betrog Simson? *Delila (Richt. 16,4-22)*

Wie hieß die einzige Richterin? *Debora (Richt. 4,4)*

Wer deutete einen Traum und kam in Babylon zu Ehren? *Daniel (Dan. 2)*

Wer war Harfenspieler und Verfasser vieler Psalmen? *Dav.d (1. Sam. 16,17-20)*

Welcher hebräische Gefangene wurde in die Löwengrube geworfen, die er wieder unversehrt verließ? *Daniel (Dan. 6)*

E. Wer war die Mutter Johannes des Täufers? *Elisabeth (Luk. 1,5-25)*

Welcher Prophet bewies den Israeliten mit Feuer, daß ihr Gott mächtiger ist als der Gott der Baalspriester? *Elia (1. Kön. 18,21-40)*

Welchem Hohenpriester und Richter kündigte Samuel das Gericht an? *Eli (1. Sam. 3,11-18)*

Welche Vögel werden sich nach der Weissagung des Propheten Jesaja bei der Zerstörung Babels dort in den Häusern breit machen? *Eulen (Jes. 13,21)*

Wer war der «Kahlkopf» in der Bibel? *Elisa (2. Kön. 2,23)*

Wie hieß Adams Frau? *Eva (1. Mose 3,20)*

F. Welchen Beinamen erhielt Jesus im Alten Testament? *Friedefürst (Jes. 9,5)*

Was bedeutet der Name «Petrus»? *Fels (Matth. 16,18; Joh. 1,42)*

Welcher Landpfleger sprach Paulus frei? *Festus (Apg.26)*

Welchen Dienst übte Jesus als Zeugnis tiefer Demut an seinen Jüngern aus? *Fußwaschung (Joh. 13,5)*
Wer hörte sich den Fall des Paulus genau an? *Felix (Apg. 24)*
Was war die zweite Plage, die über die Ägypter kam, weil sie die Juden nicht ziehen lassen wollten? *Frösche (2. Mose 8,1-11)*

G. In welchem Garten betete Jesus in der Nacht vor seiner Gefangennahme? *Gethsemane (Matth. 26,31-46; Mark. 14,27-50; Luk. 22,31-53; Joh. 18,3-12)*
Welches Buch der Bibel beschreibt die Geschichte der Erde bis zur Zeit Josefs? *Genesis (1. Buch Mose)*
Wer wurde durch eine Schleuder getötet? *Goliath (1. Sam. 17)*
Bei welchem großen Gelehrten studierte Paulus? *Gamaliel (Apg. 22,3)*
Wie hieß eine der gottlosen Städte? *Gomorra (1. Mose 18,20)*
Wie heißt das erste Buch der Bibel? *Genesis (1. Buch Mose)*

H. Auf welchem Instrument spielte David für König Saul? *Harfe (1. Sam. 16,17-20)*
Wie hieß die Mutter Samuels? *Hanna (1. Sam. 1,20)*
Wer war die Mutter Ismaels? *Hagar (1. Mose 16,15)*
Wer wurde an dem Galgen aufgehängt, den er für einen anderen errichtet hatte? *Haman (Esth. 7)*
Welches Buch der Bibel wendet sich gegen die Lässigkeit beim Wiederaufbau des Tempels? *Haggai*

I. Wie hieß Abrahams Sohn, den er opfern sollte? *Isaak (1. Mose 22,2)*
Wie hieß der Sohn Abrahams und der Magd Hagar? *Ismael (1. Mose 16,15)*
Bis wohin reichte das Reich des Königs Ahasveros? *Indien (Esth. 1,1)*

Wie hieß der Prophet und Seher, der zur Zeit der judäischen Könige Rehabeam und Abia auftrat? *Iddo (2. Chron. 12,15)*
Wie hieß Judas mit Beinamen? *Ischariot (Matth. 10,4)*

J. Wie hieß einer von Isaaks Söhnen? *Jakob (1. Mose 28,1)*
Wer war der größte alttestamentliche Prophet? *Jesaja*
Wer tötete Sisera? *Jael (Richt. 4,17; 5,6)*
Wer erhielt von seinem Vater einen bunten Rock? *Josef (1. Mose 37,3)*
In welchem Buch der Bibel finden wir eine wunderbare prophetische Aussage über das Kommen Jesu? *Jesaja (Jes. 9)*
Wer war der Führer der Juden nach dem Tode Moses? *Josua (5. Mose 34)*

K. Welchen Bach überquerten Jesus und seine Jünger, um in den Garten Gethsemane zu gelangen? *Kidron (Joh. 18,1)*
Wer wurde Abrahams Frau nach dem Tode Saras? *Ketura (1. Mose 25,1 u. 4)*
Wie hieß Sauls Vater? *Kis (1. Sam. 9,3)*
Welcher Bach floß nahe am Garten Gethsemane vorbei? *Kidron (Joh. 18,1)*
Von welchen Tieren träumte der Pharao? *Kühen (1. Mose 41)*
Welches Amt bekleidete Saul als erster? *König (1. Sam. 11,15)*

L. Wessen Frau erstarrte zur Salzsäule? *Lots Frau (1. Mose 19,26)*
Wer war der Schwiegervater Jakobs? *Laban (1. Mose 29)*
Wer wurde als «geliebter Arzt» bezeichnet? *Lukas (Kol. 4,14)*
Wer wurde von Jesus vom Tode auferweckt? *Lazarus (Joh. 11)*
Wie hieß Labans älteste Tochter? *Lea (1. Mose 29,16)*

Wie hieß die Großmutter des Timotheus? *Lois (2. Tim. 1,5)*

M. Wo wurden Abraham, Isaak und Jakob beerdigt? *Machpela (1. Mose 25,9)*
In welches Land wurde Paulus in einem Traum gerufen? *Mazedonien (Apg. 16,9)*
Wie hieß einer der drei Männer, die von König Nebukadnezar in den Feuerofen geworfen wurden? *Mesach (Dan. 3,16)*
Wie hieß der erstgeborene Sohn Josefs? *Manasse (1. Mose 41,51)*
Welche Bücher der Bibel enthalten die Seligpreisungen? *Matthäus (Matth. 5 u. 6), Lukas*
Wie hieß die Schwester Moses? *Miriam (2. Mose 15,20)*

N. Welcher Mann baute die Arche? *Noah (1. Mose 6,22)*
Wo verbrachte Jesus seine Kindheit? *Nazareth (Luk. 4,16)*
Welcher syrische Edelmann wurde durch Baden im Jordan vom Aussatz geheilt? *Naeman (2. Kön. 5,1)*
Wem gehörte der Weinberg, den Ahab für sich haben wollte? *Naboth (1. Kön. 21)*
Welcher König war so heruntergekommen, daß sein Haar so lang wie Adlerfedern und seine Nägel wie Vogelklauen gewachsen waren? *Nebukadnezar (Dan. 4,25-30)*

O. Wie hieß der Sklave, über den Paulus in seinem Brief an Philemon schrieb? *Onesimus (Philemon 1,1)*
Auf welchem Berg predigte Jesus nach dem letzten Abendmahl? *Ölberg (Matth. 26,30-46)*
Wer war einer der «kleinen Propheten» im Alten Testament? *Obadja*
Welche der Schwiegertöchter der Naemi kehrte nach dem Tode ihres Mannes zu ihrem Volk zurück? *Orpa (Ruth 1,14)*
Welches ist der letzte Buchstabe des griechischen Alphabets? *Omega*

Wie heißt eines der Prophetenbücher im Alten Testament? *Obadja*

P. Wie heißt das Buch der Lieder im Alten Testament? *Psalmen*
Welchen Mann nannte Jesus «den Fels»? *Petrus (Matth. 16,18)*
Unter welchem Volk verbreitete Simson durch seine Heldentaten Schrecken und Furcht? *Philister (Richt. 15)*
Wer verurteilte Jesus zum Tode? *Pilatus (Matth. 27,26)*
Wie hieß Josefs Herr in Ägypten? *Potiphar (1. Mose 39,1)*
Wer war die Ehefrau Aquilas, bei der Paulus in Korinth weilte, weil sie dasselbe Handwerk ausübten? *Priscilla (Apg. 18,2)*

Q. Welche Zeichen sollten die Juden an den Zipfeln ihrer Kleider anbringen? *Quasten (4. Mose 15,38)*
Womit wird in den Sprüchen Salomos die Furcht des Herrn verglichen? *Quelle des Lebens (Spr. 14,27)*
An welchen Ort kommt der reiche Mann in Jesu Gleichnis nach seinem Tode? *Qual (Luk. 16,23)*
Womit waren die Vorhänge im Tempelvorhof an den Säulen befestigt? *Querstäbe aus Silber (2. Mose 27,10)*

R. Wie hieß Josefs ältester Bruder? *Ruben (1. Mose 46,8)*
Welche Vögel brachten Elia Brot und Fleisch? *Raben (1. Kön. 17,6)*
Welche von Isaaks Frauen wurde durch seinen Knecht ausgesucht? *Rebekka (1. Mose 24)*
Wie hieß eine von Jakobs Frauen? *Rahel (1. Mose 29,28)*
Wie hieß die Frau, die die beiden Kundschafter verbarg? *Rahab (Jos. 2,1)*
Welche Moabiterin, eine Schwiegertochter der Naemi, war eine Stammutter Jesu? *Ruth (Matth. 1,5)*

S. Welcher assyrische König verlor sein Heer, das er gegen Juda geschickt hatte? *Sanherib (2. Kön. 19,33-36)*

Vor welchen obersten Gerichtshof wurde Jesus zur Voruntersuchung gestellt? *Sanhedrin = Hoher Rat (Matth. 26,57; Mark. 14,55)*
Wer war der erste König Israels? *Saul (1. Sam. 11,15)*
Wer tanzte vor König Herodes und forderte das Haupt Johannes des Täufers? *Salome (Mark. 15,40; 16,1)*
Wie hieß der erste christliche Märtyrer? *Stephanus (Apg. 7,58)*
Wer war der stärkste Mann in biblischer Zeit? *Simson (Richt. 14-16)*

T. Wie hieß die Vaterstadt des Paulus? *Tarsus (Apg. 22,3)*
Wie hieß Lebbäus, einer der zwölf Apostel, mit Beinamen? *Thaddäus (Matth. 10,3)*
Wen nannte Paulus seinen Sohn? *Timotheus (1. Tim. 1,2)*
Welches Handwerk übte Paulus aus? *Teppichmacher (Apg. 18,3)*
Welcher Jünger wurde der «Ungläubige» genannt? *Thomas (Joh. 20,24-29)*
Wie hieß der Vater des von Jesus geheilten blinden Bettlers Bartimäus? *Timäus (Mark. 10,46)*

U. Was für Brot aßen die Juden am Passah-Fest? *Ungesäuertes Brot (5. Mose 16,1-8)*
Wie heißt die Heimatstadt Abrahams? *Ur (1. Mose 15,7)*
Welcher König erkrankte an Aussatz? *Usia (2. Chr. 26,21)*
Welchen Mann ließ David an die Front schicken, weil er seine Frau begehrte? *Uria (2. Sam. 11,3)*
Wo ist Abraham geboren? *Ur (1. Mose 11,27-28)*
Wo lebte Hiob? *Im Lande Uz (Hiob 1,1)*

V. Wohin führt der breite Weg, von dem Jesus in der Bergpredigt spricht? *Verdammnis (Matth. 7,13)*
Wie hieß die Gemahlin des persischen Königs im Estherbuch? *Vasthi*

Welche Königin wurde entthront, weil sie sich weigerte, vor König Ahasveros zu erscheinen? *Vasthi (Esth. 1,9; 2,1)*
Welches Ereignis im Leben Jesu fand auf einem hohen Berg vor Beginn seines Leidensweges statt? *Verklärung (Matth. 17,2)*
Welchen Titel hatte Herodes? *Vierfürst (Matth. 14,1)*

W. Wo verbrachten die Kinder Israel vierzig Jahre? *Wüste (5. Mose 8,2)*
Wofür war Salomo berühmt? *Weisheit (1. Kön. 5,9)*
Welchen Namen gab Jesaja Jesus? *Wunderbar (Jes. 9,5)*
Wo wurde Jesus von Satan versucht? *Wüste (Matth. 4,1)*
Welche Männer besuchten das Jesuskind? *Weise (Matth. 2,1)*
Unter welchen Baum setzte sich Elia auf seiner Flucht vor Isebel? *Wacholder (1. Kön. 19,4)*

X. Welchen Namen trägt der persische König, der in der Bibel Ahasveros genannt wird, in der Geschichtsschreibung? *Xerxes*
Für wen ist X das alte griechische Symbol? *Christus*

Y. Die Pflanze, die zum Bestreichen der Türpfosten vor dem Passah *(2. Mose 12,22)* und zu Reinigungsriten *(3. Mose 14,4)* benutzt wurde, trägt als Anfangsbuchstaben manchmal statt des I ein Y. Wie heißt die Pflanze? *Ysop* (Isop)

Z. Wer war der Vater der Jünger Jakobus und Johannes? *Zebedäus (Matth. 4,21)*
Zu wem sagte Jesus: «Ich muß heute in deinem Hause einkehren?» *Zachäus (Luk. 19,5)*
Wer bestieg einen Baum, um Jesus zu sehen? *Zachäus (Luk. 19,4)*
Welche Stadt wird die «Stadt Davids» genannt? *Zion (1. Kön. 8,1)*

Wer war Jethros Tochter und Ehefrau Moses? *Zippora (2. Mose 2,21; 4,25; 18,2)*
Ein Name Gottes fängt mit «Z» an! *Zebaoth (2. Sam. 7,26)*

Alle Antworten auf die folgenden Fragen beginnen mit «R»!

1. Welcher jüdische Titel bedeutet «Meister», «Lehrer»? *Rabbi (Matth. 23,7)*

2. Was für Vögel brachten Elia Brot und Fleisch? *Raben (1. Kön. 17,6)*

3. Um welche Stadt kämpften Syrien und Israel? *Ramoth in Gilead (2. Chr. 22,5)*

4. Welchem Mädchen begegnete Jakob am Brunnen? *Rahel (1. Mose 29,1-6)*

5. Durch welches Meer zogen die Juden? *Rote Meer (2. Mose 14,19-31)*

6. Welches Zeichen seines Bundes setzte Gott an den Himmel? *Regenbogen (1. Mose 9,12-14)*

7. Wie hieß die Mutter Jakobs? *Rebekka (1. Mose 25,19-28)*

8. Wer rettete den jungen Josef vor dem Anschlag seiner Brüder? *Ruben (1. Mose 37,21)*

9. Wer traf Petrus, als er aus dem Gefängnis kam? *Rhode (Apg. 12,13)*

10. Wen heiratete Boas? *Ruth (Ruth 4,13)*

11. Welcher Sohn Salomos verlor die zehn Nordstämme? *Rehabeam (1. Kön. 12)*

12. Welches Reich beherrschte Palästina zur Zeit Jesu? *Römische Reich (Luk. 2,1)*

13. Welche Frau hielt Wache bei den Leichen ihrer getöteten Söhne? *Rizpa (2. Sam. 21,8-11)*

14. Wie hieß einer der Hauptleute, die Isboseth ermordeten? *Rechab (2. Sam. 4,5-7)*

15. Wie hieß der König der Midianiter, der von den Israeliten geschlagen wurde? *Reba (4. Mose 31,8)*

16. Wie hieß der von Isaak gegrabene Brunnen? *Rehoboth (1. Mose 26,22)*

17. Wie hieß der Sohn des Simon von Kyrene? *Rufus (Mark. 15,21)*

18. Welche Insel berührte Paulus auf der Rückfahrt von seiner dritten Missionsreise? *Rhodos (Apg. 21,1)*

19. Welche Stadt hat Nimrod in Assur gebaut? *Rehoboth-Ir (1. Mose 10,8-12)*

20. Wie hieß der Sohn Esaus und der Basmath? *Reguel (1. Mose 36,4)*

Frauengestalten aus der Bibel

Das folgende Kapitel erfaßt 50 Frauen, die in der Bibel erwähnt werden. Einige werden nicht mit Namen genannt, doch die meisten spielten eine wichtige Rolle, entweder wegen ihrer eigenen Taten oder wegen ihrer Verbindung zu bekannten Gestalten der Bibel. Von den vier angegebenen Namen ist einer auszuwählen, der zu der jeweiligen Frage paßt.

1. Die Mutter von Kain und Abel war
   a) Elisabeth
   b) Esther
   c) *Eva (1. Mose 4,1-2)*
   d) Eunike
2. Die Stammutter der Juden war
   a) Eva
   b) *Sara (1. Mose 11,29)*
   c) Rebekka
   d) Lea
3. Die Mutter Ismaels, des erstgeborenen Sohnes Abrahams, war
   a) Hanna
   b) Hulda
   c) Herodias
   d) *Hagar (1. Mose 16,15)*
4. Die Frau, die zu einer Salzsäule erstarrte, weil sie zurückschaute, als Sodom und Gomorra vernichtet wurden, war
   a) Abrahams Frau
   b) Pilatus' Frau
   c) *Lots Frau (1. Mose 19,26)*
   d) Ahabs Frau
5. Die Frau Isaaks und die Mutter Jakobs und Esaus war
   a) Rahel

b) Rahab
c) Ruth
d) *Rebekka (1. Mose 24,67; 25,21)*

6. Die Mutter von sechs der zwölf Söhne Jakobs war
   a) *Lea (1. Mose 29,32-35)*
   b) Bilha
   c) Rahel
   d) Zilla

7. Die Mutter von Josef und Benjamin, für die Jakob vierzehn Jahre lang Laban diente, war
   a) Zilla
   b) *Rahel (1. Mose 29)*
   c) Bilha
   d) Lea

8. Die Mutter von Mose und Aaron war
   a) *Jochebed (2. Mose 6,20)*
   b) Jael
   c) Johanna
   d) Isebel

9. Das Kind Mose wurde im Schilf gefunden von
   a) Jephtas Tochter
   b) Jairus' Tochter
   c) einer Tochter Zions
   d) *Pharaos Tochter (2. Mose 2,5)*

10. Die Schwester von Mose und Aaron, die nach der Durchquerung des Roten Meeres die Kinder Israel mit ihrem Lobgesang mitriß, war
    a) Maria
    b) *Miriam (2. Mose 15,20)*
    c) Martha
    d) Mara

11. Der Name der «Mutter in Israel», einer Richterin in der Zeit der nationalen Uneinigkeit, war

a) Dina
b) *Debora (Richt. 4,4)*
c) Delila
d) Drusilla

12. Sisera, der Feldhauptmann, der von Debora und Barak in die Flucht geschlagen wurde, wurde getötet von
a) Isebel
b) Johanna
c) *Jael (Richt. 4,21)*
d) Jochebed

13. Die junge Frau, die aufgrund eines Gelübdes, das vor einer Schlacht abgelegt wurde, geopfert wurde, war
a) die Tochter des Pharao
b) eine Tochter Zions
c) die Tochter des Jairus
d) *Jephtas Tochter (Richt. 11,29-40)*

14. Die Philisterin, die Simson betrog, war
a) Drusilla
b) *Delila (Richt. 16,4-22)*
c) Debora
d) Dina

15. Die Geschichte einer Moabiterin, die die Stammutter des Königs David wurde, wird erzählt im Buche
a) Esther
b) Judith
c) *Ruth*
d) Esra

16. Die Frau des Elimelech, die im Moabiterland lebte wegen der Hungersnot in Kanaan, war
a) Salome
b) *Naemi (Ruth 1,2)*
c) Hulda
d) Anna

17. Der Name der Schwiegertochter Naemis, die sie verließ, um zu ihrem Volk zurückzukehren, war
   a) Ruth
   b) Esther
   c) *Orpa (Ruth 1,14)*
   d) Hanna

18. Die Worte «Rede mir nicht ein, daß ich dich verlassen sollte und von dir umkehren» wurden gesprochen von
   a) Naemi
   b) *Ruth (Ruth 1,16)*
   c) Orpa
   d) Rebekka

19. Die Mutter Samuels, die größte Seherin in der Geschichte Israels, war
   a) Hulda
   b) Hagar
   c) Herodias
   d) *Hanna (1. Sam. 1)*

20. Die jüngere Tochter König Sauls, die die Frau des Königs David wurde, war
   a) Maacha
   b) *Michal (1. Sam. 14,49; 18,27)*
   c) Mahalath
   d) Merab

21. Die Frau, die David nach dem Tod ihres Mannes Nabal heiratete, war
   a) *Abigail (1. Sam. 25,36-42)*
   b) Bathseba
   c) Michal
   d) Saphira

22. Die Mutter Salomos war
   a) Saphira
   b) Michal

c) *Bathseba (2. Sam. 12,24)*
d) Abigail

23. Die berühmte Frau, die aus einem fernen Land kam, weil sie von der Weisheit Salomos gehört hatte, war
a) Diana von Ephesus
b) eine Samariterin
c) die Sunamitin
d) *die Königin von Saba (1. Kön. 10,1)*

24. Die Frau König Ahabs, die einem Israeliten auf verbrecherischem Wege einen Weinberg wegnahm, den ihr Mann gerne haben wollte, hieß
a) Esther
b) *Isebel (1. Kön. 21)*
c) Herodias
d) Bernice

25. Das Mädchen, das Naeman von Syrien überredete, die Anweisungen Elisas zu befolgen, damit er von seinem Aussatz geheilt würde, war
a) eine Tochter Jerusalems
b) eine Sklavin aus Philippi
c) *eine Kriegsgefangene aus Israel (2. Kön. 5,1-7)*
d) die Tochter einer syrischen Frau

26. Der Name einer hebräischen Prophetin zur Zeit des Königs Josia war
a) Hanna
b) Herodias
c) Hagar
d) *Hulda (2. Kön. 22,14)*

27. Die Geschichte der schönen Jüdin, die einen persischen König heiratete, wird berichtet im Buch
a) Esra
b) Ruth
c) Judith
d) *Esther*

28. Die glaubenslose Frau, die zum Symbol für Gottes liebende Vergebung für Israel wurde, hieß
    a) *Gomer (Hos. 1,3)*
    b) Orpa
    c) Hanna
    d) Lydia

29. Die Mutter Jesu war
    a) Elisabeth
    b) Martha
    c) *Maria (Luk. 2,1-7)*
    d) Sara

30. Die Mutter Johannes des Täufers war
    a) Sara
    b) Maria
    c) Martha
    d) *Elisabeth (Luk. 1,57-60)*

31. Die jüdische Prophetin von hohem Alter, die Gott dankte, als sie das Jesuskind im Tempel sah, war
    a) *Hanna (Luk. 2,36-38)*
    b) Saphira
    c) Debora
    d) Hulda

32. Die Frau, die am Fieber erkrankt war und Jesus und seinen Jüngern diente, nachdem er sie geheilt hatte, war
    a) die Witwe von Nain
    b) *die Schwiegermutter des Simon Petrus (Matth. 8,14)*
    c) die Frau am Brunnen
    d) die arme Witwe, die zwei Scherflein gab

33. Das zwölfjährige Mädchen, das am See Genezareth wohnte und von Jesus vom Tode auferweckt wurde, war
    a) die Tochter der Herodias
    b) eine Tochter aus Jerusalem

c) *die Tochter des Jairus (Luk. 8,41-56)*
d) die Tochter einer syrischen Frau

34. Die Frau des Vierfürsten, die das Haupt Johannes des Täufers forderte, war
a) Bernice
b) *Herodias (Matth. 14,3; Mark. 6,17)*
c) Isebel
d) Esther

35. Die Frau mit großem Glauben, die Jesus bedrängte, ihr zu helfen, obwohl sie keine Israelitin war, war
a) *die kanaanäische Frau (Matth. 15,21-28)*
b) die Witwe von Nain
c) die Samariterin
d) eine Frau aus Thyatira

36. Die junge Frau, die sich viel zu schaffen machte, war
a) Maria
b) *Martha (Luk. 10,40)*
c) Tabita
d) Salome

37. Die Frau aus Bethanien, die an Jesus glaubte, war
a) Salome
b) Martha
c) Tabita
d) *Maria (Luk. 10,39)*

38. Die Frau, die Jesus von schwerer Besessenheit geheilt hatte, und die ihm nachfolgte und diente und der er sich im Garten des Josef von Arimathia zu erkennen gab, war
a) die Samariterin
b) *Maria Magdalena (Joh. 20,11-18)*
c) Gomer
d) die Sklavin aus Philippi

39. Die Mutter von Jakobus und Johannes, die bei der Kreuzigung Jesu dabei war und später sein Grab aufsuchte, war

a) Maria
b) *Salome (Mark. 15,40-41)*
c) Mara
d) Naemi

40. Die Mutter des Johannes Markus, dessen Haus ein Treffpunkt für die Nachfolger Jesu war, hieß
a) Priscilla
b) Eunike
c) *Maria (Apg. 12,12)*
d) Lois

41. Die Frau, ein Glied der Urgemeinde, die ihren Reichtum mehr als ihre Mitchristen liebte, war
a) Priscilla
b) Tabita
c) *Saphira (Apg. 5,1)*
d) Anna

42. Die Magd im Hause der Mutter des Johannes Markus, die Petrus vor dem Tor stehen ließ und ins Haus lief und verkündete, Petrus sei aus dem Gefängnis entlassen, war
a) *Rhode (Apg. 12,13)*
b) Phöbe
c) Lois
d) Eunike

43. Die Frau aus Thyatira, gottesfürchtig und eine treue Besucherin des jüdischen Gottesdienstes, läßt sich, als sie Paulus hört, zum Glauben bewegen und erweist dem Apostel ihre Gastfreundschaft. Es war
a) Rhode
b) Priscilla
c) *Lydia (Apg. 16,14)*
d) Tabea

44. Die Diakonisse in Kenchreä, Überbringerin des Römerbriefes nach Rom, war
a) Tabea

b) Lydia
c) *Phöbe (Röm. 16,1)*
d) Rhode

45. Die Frau des Aquila, in dessen Haus sich Paulus aufhielt, während er in Korinth weilte, weil er dasselbe Gewerbe ausübte, war
a) Drusilla
b) *Priscilla (Apg. 18,2-3)*
c) Eunike
d) Bernice

46. Die Frau des Landpflegers Felix hieß
a) Eunike
b) Bernice
c) Priscilla
d) *Drusilla (Apg. 24,24)*

47. Die Schwester des Königs Agrippa war
a) Herodias
b) *Bernice (Apg. 25,13 u. 23; 26,30)*
c) Phöbe
d) Lois

48. Die weniger hübsche Tochter Labans war
a) *Lea (1. Mose 29,17)*
b) Miriam
c) Debora
d) Hanna

49. Die Großmutter eines der treuesten Gehilfen des Paulus war
a) *Lois (2. Tim. 1,5)*
b) Hulda
c) Eunike
d) Anna

50. Die Mutter des Timotheus hieß
   a) Anna
   b) *Eunike (2. Tim. 1,5)*
   c) Hulda
   d) Lois

Brüder, Schwestern und Ehepaare der Bibel

I. Brüder

1. Wer waren die ersten Brüder? *Kain und Abel (1. Mose 4,1-2)*
2. Drei Söhne Noahs? *Ham, Sem, Japhet (1. Mose 5,32)*
3. Welche beiden Halbbrüder waren Söhne Abrahams? *Ismael und Isaak (1. Mose 16,16; 1. Mose 21,3)*
4. Zwei Söhne Isaaks: *Esau und Jakob (1. Mose 25,24-26)*
5. Sechs Söhne Jakobs und Leas: *Ruben, Simeon, Levi, Juda, Sebulon, Isaschar (1. Mose 29,32-35; 30,17-18 u. 20)*
6. Zwei Söhne Jakobs und Rahels: *Josef und Benjamin (1. Mose 30,24; 1. Mose 35,18)*
7. Welche beiden Brüder waren die Söhne Josefs und seiner ägyptischen Frau? *Ephraim und Manasse (1. Mose 46,20)*
8. Wie hießen der Mann, der die Israeliten aus Ägypten führte, und sein Bruder, der der erste Hohepriester wurde? *Mose und Aaron (2. Mose 7)*
9. Einer der Söhne Davids versuchte, sich des Thrones seines Vaters zu bemächtigen; ein anderer erbte den Thron. Wer waren die beiden Halbbrüder? *Absalom und Salomo (2. Sam. 3,3; 2. Sam. 12,24)*
10. Vier Brüder Jesu: *Jakobus, Josef, Simon, Judas (Matth. 13,55)*
11. Einer der ersten Jünger und der Bruder, den er zu Jesus brachte: *Andreas und Petrus (Joh. 1,41)*
12. Wie hießen die beiden Söhne des Zebedäus, die Fischer waren? *Johannes und Jakobus (Matth. 4,21)*

II. Schwestern

1. Welche Schwester bewachte ihren versteckten kleinen Bruder? *Miriam (2. Mose 2,4; 15,20)*
2. Zwei Schwestern, die Ehefrauen desselben Mannes waren: *Lea und Rahel (1. Mose 29,16)*
3. Wie hießen die Schwägerinnen, die die Söhne Naemis heirateten? *Ruth und Orpa (Ruth 1,4)*
4. Welcher Mann hatte drei Töchter und sieben Söhne? *Hiob (Hiob 1,2)*
5. Wie hieß die Schwester der zwölf Söhne Jakobs? *Dina (1. Mose 30,21)*
6. Welche beiden Schwestern liebte Jesus besonders? *Maria und Martha (Luk. 10,38-42)*
7. Wie hießen die Schwestern Jesu? *Nicht bekannt.*
8. Wessen Schwester war Thamar? *Absaloms Schwester (1. Chr. 3,9; 2. Sam. 13,1)*

III. Ehepaare

1. Welches Ehepaar hatte keine Eltern? *Adam und Eva (1. Mose 1,27)*
2. Welches Ehepaar verließ seine Heimat, um in das gelobte Land zu ziehen? *Abraham und Sara (1. Mose 12,1-6)*
3. Elieser wurde in ein fernes Land geschickt, um eine Frau für den Sohn seines Herrn zu freien. Wer waren Braut und Bräutigam? *Rebekka und Isaak (1. Mose 24)*
4. Wer wurde zur Ehefrau ihres Vetters durch den Betrug ihres Vaters, und wie hieß ihr Mann? *Lea und Jakob (1. Mose 29,25)*

5. Wer war der Ehemann, der 14 Jahre um seine Frau diente, und wie hieß seine Frau? *Jakob und Rahel (1. Mose 29,28)*

6. Welches Ehepaar traf sich zum ersten Mal auf einem Ährenfeld? *Boas und Ruth (Ruth 2)*

7. Ein reicher Herdenbesitzer, der in Geiz und Bosheit einen anderen töricht kränkt, wird durch die Klugheit einer Frau vor dem Tod gerettet. Nachdem er an einem Schlag gestorben war, heiratete seine Frau den Mann, der gekränkt worden war. Wie hießen das Ehepaar und der zweite Ehemann, der später ein großer König wurde? *Nabal und Abigail, David (1. Sam. 25)*

8. Ein mächtiger König begehrte die Frau eines Soldaten. Er ließ ihn deshalb in einer Schlacht in den sicheren Tod schicken, um seine Frau heiraten zu können. Wer waren der Soldat und seine Frau, wer war der König? *Uria und Bathseba, David (2. Sam. 11)*

9. Wer war die gottloseste Königin in der Bibel, und wer war ihr Ehemann? *Isebel und Ahab (1. Kön. 21)*

10. Welche schöne Frau setzte ihr Leben aufs Spiel, um ihr Volk zu retten? Wie hieß ihr Mann, ein mächtiger König? *Esther und Ahasveros (Esth. 2,9-18; 5)*

11. Welche Mutter wird in aller Welt am meisten verehrt, und wie hieß ihr Ehemann? *Maria und Josef (Luk. 2,4-5)*

12. Wie hießen die Eltern von Johannes dem Täufer? *Zacharias und Elisabeth (Luk. 1,5)*

13. Welches Ehepaar wurde für seine Lüge mit dem Tod bestraft? *Ananias und Saphira (Apg. 5,1-11)*

14. Welches Ehepaar teilte sein Haus mit Paulus und war ihm in seiner Arbeit für Christus treu behilflich? *Aquila und Priscilla (Apg. 18,1-3)*

15. Wer war die Frau des Elimelech? *Naemi (Ruth 1,2)*

Die Bibel in Zahlen

1. Wieviel Tage regnete es zur Zeit der Sintflut? 7, *40,* 20 *(1. Mose 7,17)*
2. Wieviel Kundschafter wurden in das gelobte Land ausgesandt? *12,* 40, 10 *(4. Mose 13; 5. Mose 1,23)*
3. Wieviel Tage waren die Kundschafter im gelobten Land? 30, 70, *40 (4. Mose 13,25)*
4. Wieviel Jahre dauerte der Zug der Israeliten durch die Wüste? *40,* 70, 7 *(2. Mose 16,35)*
5. Wie alt war Noah, als er starb? 800, 988, *950* Jahre *(1. Mose 9,29)*
6. Wieviel Jahre mußte Jakob für jede seiner Ehefrauen arbeiten? 14, *7,* 10 *(1. Mose 29,18; 29,30)*
7. Wieviel Jahre war Nebukadnezar wahnsinnig? 14, *7,* 10 *(Dan. 4,29)*
8. Wieviel Jahre waren die Juden in babylonischer Gefangenschaft? 40, *70,* 7, 50 *(Jer. 25)*
9. Wieviel Riesensöhne hatte Enak? 1, 5, *3,* 2 *(Jos. 15,14)*
10. Wieviel Kapitel enthält die ganze Bibel? 2000, *1189,* 500
11. Wieviel Kapitel enthält das Alte Testament? *929,* 500, 1000
12. Wieviel Kapitel enthält das Neue Testament? 500, 350, *260*
13. Wie oft verleugnete Petrus den Herrn? 1, *3,* 4 *(Matth. 26,34)*
14. Wie alt war Jesus, als er gekreuzigt wurde? 30, *33,* 35 Jahre *(Luk. 3,1; 3,23; Joh. 2,13 u. 23; 2,20)*
15. Wie alt war Methusalem, als er starb? 900, 950, *969* Jahre *(1. Mose 5,27)*

16. Wieviel Bücher enthält die Bibel? 56, 76, *66*

17. Wieviel Bücher enthält das Neue Testament? *27,* 39, 29, 37

18. Wie alt war Jesus, als er zum Passahfest mitgenommen wurde? 10, *12,* 14 Jahre *(Luk. 2,42)*

19. Wieviel Tage blieb Mose in den Bergen, als er mit Gott sprach? 21, 30, *40 (2. Mose 24,18)*

20. Wieviel der von Jesus geheilten Aussätzigen kamen zurück und dankten ihm? 9, 0, 3, *1 (Luk. 17,15)*

21. Wieviel Philister erschlug Samgar, ein Richter in Israel, mit einem Ochsenstecken? 70, *600,* 100 *(Richt. 3,31)*

22. Zu wieviel Schlägen soll der Gottlose verurteilt werden? 12, *40,* 10 *(5. Mose 25,2-3)*

23. Wieviel Priester tötete Doeg? *85,* 50, 100 *(1. Sam. 22,18)*

24. Wieviel Jünger wurden ausgesandt zu predigen? 10, 30, *70 (Luk. 10,1)*

25. Wieviel Bücher enthält das Alte Testament? 27, *39,* 29, 37

26. Wie oft versuchte der Satan Jesus in der Wüste? 1, 7, 2, *3 (Matth. 4,1-11)*

27. Wieviel Diebe wurden mit Jesus gekreuzigt? *2,* 3, 5 *(Luk. 23,32)*

28. Wieviel Brüder hatte Josef? 1, *11,* 13 *(1. Mose 35,22)*

29. Wievielmal tauchte der aussätzige Naeman im Jordan unter, bevor er wieder rein war? 2, *7,* 14 *(2. Kön. 5,14)*

30. Wieviel Jünger hatte Jesus? *12,* 10, 50 *(Matth. 10,1)*

31. Wieviel Gebote erhielt Mose von Gott? *10,* 7, 40 *(2. Mose 20)*

32. Wieviel Jungfrauen nahmen ihre Lampen und gingen dem Bräutigam entgegen? *5,* 10, 15 *(Matth. 25,1-4)*

33. Wieviel Kundschafter schickte Mose ins gelobte Land? 7, *12,* 34 *(4. Mose 13,1-16)*

34. Wieviel Philister erschlug Simson mit dem Kinnbacken eines Esels? 6, *1000,* 5000 *(Richt. 15,16)*

35. Wieviel Füchse fing Simson, an deren Schwänze er Feuerbrände festband? *300,* 3000, 30 *(Richt. 15,4)*

36. Wie viele von Daniels Freunden wurden in den Feuerofen geworfen, weil sie nicht das von König Nebukadnezar aufgestellte goldene Bild anbeten wollten? 1, *3,* 7 *(Dan. 3,24)*

37. Wieviel Jahre lebte Paulus als Gefangener in seiner Mietwohnung in Rom? *2,* 4, 6 *(Apg. 28,30)*

38. Wie oft fragte Jesus Petrus, ob er ihn liebe? 2, *3,* 6 *(Joh. 21,17)*

39. Wieviel Männer schworen, nicht zu essen und nicht zu trinken, bis sie Paulus getötet hätten? 6, *40,* 100 *(Apg. 23,12-13)*

40. Wie alt war Jesus, als er zu wirken begann? 20, 21, *30 (Luk. 3,23)*

41. Wievielmal wurde Jesus versucht? *3 (Matth. 4,1-11)*

42. Wie alt war Jesus, als er sagte: «Wisset ihr nicht, daß ich sein muß in dem, das meines Vaters ist»? *12 Jahre (Luk. 2,42; 2,49)*

43. Wie lange hielt sich Paulus auf der Insel Melite (Malta) auf? *3 Monate (Apg. 28,1-11)*

44. Wie viele Farben hatte Josefs bunter Rock? *viele (1. Mose 37,3)*

45. Wie lange hielt sich Jesus nach seiner Auferstehung auf der Erde auf? *40 Tage (Apg. 1,3)*

46. Wieviel Jünger waren mit Jesus auf dem Berg der Verklärung? *drei (Matth. 17,1)*

47. Wieviel Kieselsteine holte David aus dem Bach, um damit den Riesen Goliath zu töten, und wieviel Steine benutzte er? *5 + 1 (1. Sam. 17,40 u. 49)*

48. Wieviel Söhne hatte Jakob? *12 (1. Mose 35,22)*

49. Wie weit ist es von Jerusalem bis nach Nazareth? *etwa 113 km*

50. Wievielmal marschierten die Kinder Israel um Jericho? *13 (Jos. 6,3-4)*

51. Wieviel Jahre diente Jakob, um Rahel zur Frau zu bekommen? *14 Jahre (1. Mose 29,20 u. 30)*

52. Wieviel Wohnungen sind im Hause unseres himmlischen Vaters? *viele (Joh. 14,2)*

53. Die Ernte ist groß. Wie steht es aber mit den Arbeitern? *Es sind nur wenige. (Matth. 9,37)*

54. Wievielmal, sagte Jesus, sollen wir unseren Brüdern vergeben? *70 mal 7 mal (Matth. 18,21-22)*

55. Über wieviel Sünder, sagte Jesus, die bereuen, wird im Himmel Freude herrschen? *Über einen! (Luk. 15,7)*

56. Wie alt war Josef, der Sohn Jakobs, als seine Geschichte begann? *17 Jahre (1. Mose 37,2)*

57. Mit wieviel Broten und Fischen speiste Jesus die Menge der Fünftausend? *5 Broten und 2 Fische (Matth. 14,17)*

58. Wieviel Kundschafter sandte Moses und wieviel Josua ins gelobte Land? *12 + 2 (4. Mose 13; Jos. 2,1)*

59. Wieviel Plagen schickte Gott auf Ägypten? *10 (2. Mose 7-11)*

60. Wie lange hing Jesus am Kreuz? *9 Stunden (Mark. 15,25; Luk. 23,44; Mark. 15,42; Matth. 27,45)*

61. Wieviel Tage sind es von Passah bis Pfingsten? *50 (3. Mose 23,15-16)*

62. Wie lange hielt sich Paulus nach seiner Bekehrung in Arabien auf? *3 Jahre (Gal. 1,17-18)*

63. Wieviel Sprüche hat Salomo nach den Angaben der Bibel verfaßt? *3000 (1. Kön. 5,12)*

64. Wieviel Mal mußte sich Naeman im Jordan waschen? *7 mal (2. Kön. 5,14)*

65. Wie lange bedeckte Finsternis das ganze Land, als Jesus gekreuzigt wurde? *3 Stunden (Matth. 27,45)*

66. Wieviel Bücher des Neuen Testaments wurden von Johannes geschrieben? *5 (Johannesevangelium, 3 Briefe, Offenbarung)*

67. Wieviel Jünger sandte Jesus immer zu zweit aus? *70 (Luk. 10,1)*

68. Von wieviel Jungfrauen erzählt Jesus in seinem Gleichnis? *10 (Matth. 25,1)*

69. Wieviel Jahre waren Mose und Aaron im Alter voneinander? *3 (2. Mose 7,7)*

70. Wie vielen der in der Wüste umherziehenden Kinder Israel wurde es gestattet, das Land der Verheißung zu betreten? *2 (4. Mose 14,30)*

71. Wieviel Söhne Hamans wurden erhängt? *10 (Esth. 9,10)*

72. Im folgenden Bibelvers sind die fehlenden Zahlwörter zu ergänzen: «Teile aus unter ... und ..., denn du weißt nicht, was für Unglück auf Erden kommen wird.» *7 + 8 (Pred. 11,2)*

73. Wieviel Kühe sah Pharao in seinem Traum aus dem Nil steigen? *14 (1. Mose 41,2-3)*

74. Wieviel Tore Jerusalems sah Johannes in der Offenbarung? *12 (Offb. 21,12)*

75. Für wieviel Jahre ist der Satan nach den Worten der Offenbarung gebunden? *1000 (Offb. 20,3)*

76. Wieviel goldene Leuchter sah Johannes in der Offenbarung? *7 (Offb. 1,12)*

77. Wieviel Silbertalente wollte Haman für die Ausrottung der Juden zahlen? *10000 (Esth. 3,9)*

78. Petrus sagte: «Ein Tag vor dem Herrn ist wie ... Jahre.» Welches Zahlwort fehlt? *tausend (2. Petr. 3,8)*

79. Welches war die größte Menge Menschen, der Jesus als Auferstandener erschien? *500 (1. Kor. 15,6)*

80. Wieviel Worte sprach Jesus am Kreuz? *7 (Joh. 19,26; 27.28 u. 30; Luk. 23,34 u. 46)*

81. In welchem Jahr zerstörte das Heer Nebukadnezars den Tempel Salomos? *ca. 587 v.Chr.*

82. In welchem Jahr wurde Jerusalem von den Römern zerstört? *70 n.Chr.*

83. In welchem Kapitel des Buches Exodus (2. Mose) stehen die Zehn Gebote? *Im 20. Kapitel*

84. Wieviel Evangelien sind mit der Bezeichnung «Synoptiker» zusammengefaßt? *3*

85. Wie groß ist der Unterschied in der Zahl der Silberlinge, die Josefs Brüder als Erlös für ihren Bruder Josef und der Zahl der Silberlinge, die Judas für den Verrat an Christus erhielten? *10* (30 — 20) *(1. Mose 37,28; Matth. 26,15)*

86. Wieviel Freistädte wurden festgesetzt, als die Israeliten Kanaan besetzten? *3 (5. Mose 19,2)*

87. Der wievielte Teil des Einkommens gehört nach der Forderung des Zehnten Gott? *10%, der 10. Teil (5. Mose 14,22)*

88. In seinem zweiten Brief an die Korinther erzählt Paulus, wievielmal er wieviele Schläge wie oft erhielt. Wieviel Schläge erhielt er demnach insgesamt? *5 mal 40 Schläge außer 1: insgesamt: 195 Schläge (2. Kor. 11,24)*

89. Wieviele wurden bekehrt, als Petrus seine erste evangelistische Predigt hielt? *3000 (Apg. 2,41)*

Zum Schluß noch eine Aufgabe in Bibelrechnen!

Gefragt, wieviel Fische er an einem Tag gefangen habe, antwortete ein Junge folgendermaßen:

Zur Zahl der Bücher des Alten Testaments (39) zähle die Bücher des Neuen Testaments hinzu (27; Summe: 66). Multipliziere mit der Zahl der Apostel bei der Verklärung (3: Petrus, Jakobus, Johannes; Summe: 198). Teile durch die Bücher, die Lukas geschrieben hat (2: Lukasevangelium und Apostelgeschichte; Summe 99). Ziehe davon ab, wievielmal die Israeliten um Jericho zogen (13; Summe: 86). Multipliziere mit der Zahl der Silberlinge, die Judas erhielt (30; Summe: 2580). Teile durch die Zahl der Kundschafter, die Mose nach Kanaan schickte (12; Summe: 215). Addiere die Zahl der Buchstaben des Namens einer Stadt, in der ein Mann auf einen Baum stieg, um Jesus zu sehen (7; Zachäus in Jericho; Summe: 222). Teile durch die Zahl der Apostel, die «Donnersöhne» genannt wurden (2; Jakobus und Johannes; *Endsumme: 111 Fische).*

Wer bin ich?

Biblische Gestalten stellen sich vor

Die folgenden Fragen nach biblischen Personen werden abgestuft bewertet: 100 Punkte gibt es, wenn die Person nach der ersten Teilfrage schon erkannt wird; 75 Punkte nach der zweiten; 50 Punkte nach der dritten und 25 Punkte nach der vierten Teilfrage.

1. Ich war der erste Hohepriester Moses, als er die Kinder Israel aus Ägypten führte. Wer bin ich? (100 P.) *3. Mose 8,12*
   Ich war ein enger Verwandter Moses, dem großen Befreier. Wer bin ich? (75 P.) *2. Mose 7,1*
   Ich war der Stellvertreter Moses, als er die Kinder Israel aus Ägypten führte. Wer bin ich? (50 P.) *2. Mose 7,2*
   Ich war eine Zeitlang der Führer der Kinder Israel, als Mose zum Berg Sinai ging, um dort die Gebote Gottes zu empfangen. Ich ließ ein goldenes Kalb machen und es anbeten. Wer bin ich? (25 P.) *2. Mose 32,1-6*
   Ich bin Aaron.

2. Ich war ein großer Mann, der in der kleinen Stadt Ophra am Westufer des Jordans im Land des Manasse lebte. Ich war berühmt wegen meiner großen Kraft und Furchtlosigkeit im Kampfe. Wer bin ich? (100 P.) *Richt. 6,11*
   Ich sollte König werden, lehnte aber ab. Ich wollte nur ein Paar Ohrringe. Wer bin ich? (75 P.) *Richt, 8,23-24*
   Ich bin derjenige, dem man es hoch anrechnete, daß ich das Heer der Midianiter schlug, indem ich nachts mit 300 meiner Soldaten in ihr Lager marschierte, Trompeten blasen und laut schreien ließ. Wir schwangen Fackeln und zerbrachen Krüge und jagten so die Feinde in die Flucht. Wer bin ich? (50 P.) *Richt. 7,16-22*
   Mein Name beginnt mit «G». Wer bin ich? (25 P.)
   Ich bin Gideon.

3. Mein Vater war 182 Jahre alt, als ich geboren wurde. Ich war 500 Jahre alt, als mein erstes Kind zur Welt kam. Ich lebte 950 Jahre. Wer bin ich? (100 P.) *1. Mose 5,28-29 u. 32; 1. Mose 9,29*

   Ich bin der zehnte der «Urväter» und ein rechtschaffener Mann. Wer bin ich? (75 P.) *1. Mose 6,8*

   Ich bin der Vater des Weinbaus. Ich bin als erster Mensch der Trunkenheit zum Opfer gefallen. Ich bin ein Enkel des Methusalem, ein Sohn Lamechs. Ich bin der Vater von drei Söhnen; Ham, Sem und Japhet. Wer bin ich? (50 P.) *1. Mose 9,20*

   Gott vernichtete durch eine große Flut alle Menschen außer mir, meiner Frau und meinen drei Söhnen und ihren Frauen. Ich baute die Arche. Wer bin ich? (25 P.) *1. Mose 8*

   Ich bin Noah.

4. Ich ritt auf einem Kamel und zog dem Mann nach. Ich fragte: «Wer ist der Mann, der uns auf dem Felde entgegenkommt?» Ich erhielt einen goldenen Reif und zwei Armringe. Wer bin ich? (100 P.) *1. Mose 24,53 u. 61*

   Ich bin die Tochter Bethuels. Ich speiste und tränkte einen Knecht und seine Kamele. Ich werde in *1. Mose 22,23* zum ersten Mal genannt. Wer bin ich? (75 P.)

   Debora war meine Amme. Meine große Schönheit war eine Gefahrenquelle für meinen Mann. Ich habe zwei Zwillingssöhne. Mein Bruder heißt Laban. Wer bin ich? (50 P.) *1. Mose 24,16*

   Mein Mann hieß Isaak. Ich liebte meinen Sohn Jakob mehr als meinen Sohn Esau. Ich legte ihm Felle über die Arme und um seinen Hals, um seinen Vater zu täuschen, damit er seinen Segen bekäme. Ich half meinem Sohn Jakob, in ein anderes Land zu fliehen. Wer bin ich? (25 P.) *1. Mose 27*

   Ich bin Rebekka.

5. Ich heiratete meinen Halbbruder. Ich war sehr hübsch. Ich starb im Alter von 127 Jahren. Ich starb 28 Jahre vor meinem Mann. Wer bin ich? (100 P.) *1. Mose 11,29; 23,1*
Ich wurde in der Höhle von Machpela bestattet. Ich gab vor, die Schwester meines Mannes zu sein, als wir in Ägypten waren. Pharao wußte nicht, daß ich verheiratet war, und er wollte mich zur Frau haben. Wer bin ich? (75 P.) *1. Mose 23,9; 12,10-20*
Ein ägyptisches Mädchen mit Namen Hagar wurde meine Sklavin. Ich wurde auf Hagar eifersüchtig und verstieß sie. Wer bin ich? (50 P.) *1. Mose 21,9 21*
Mein erstes und einziges Kind wurde geboren, als ich 90 Jahre alt war. Mein Sohn hieß Isaak. Mein Mann war Abraham. Wer bin ich? (25 P.) *1. Mose 17,17; 16,1*
Ich bin Sara.

6. Ich werde die «Stammutter der Araber» genannt. Der Apostel Paulus spricht von mir, denn ich heiße wie der Berg Sinai in Arabien. Nach der Tradition der Moslem werde ich als die Frau Abrahams angesehen. Wer bin ich? (100 P.) *1. Mose 16,1; Gal. 4,25*
Ich bin die ägyptische Mutter eines einzigen Sohnes. Eines Tages waren wir in der Wüste bei Beer-Sheba und hatten nichts als Brot und einen Schlauch mit Wasser. Als das Wasser getrunken war, warf ich meinen Sohn unter einen Strauch in der Annahme, er werde sterben. Ein Engel Gottes sprach zu mir. Plötzlich sah ich einen Wasserbrunnen vor mir, und ich gab meinem Sohn zu trinken. Wer bin ich? (75 P.) *1. Mose 21,14-21*
Meine Herrin war eifersüchtig auf mich. Sie demütigte mich, deshalb floh ich. Ich suchte Zuflucht in der Wüste von Sur. Ein Engel des Herrn schickte mich zurück, und nach meiner Rückkehr gebar ich einen Sohn. Wer bin ich? (50 P.) *1. Mose 16,7-16*
Später hatte meine Herrin einen Sohn, Isaak. Sie hörte mit ihrer Eifersucht und ihrem Neid nicht auf und über-

redete ihren Mann, Abraham, uns wegzuschicken. Wir lebten in der Wüste bei Beer-Sheba. Ich war Saras Sklavin. Mein Sohn hieß Ismael. Sein Vater war Abraham. Wer bin ich? (25 P.) *1. Mose 21,14-21*
Ich bin Hagar.

7. Ich tat, wie Mose befohlen hatte und kämpfte gegen die Amalekiter. Ich bin der Sohn Nuns. Ich war einer der von Mose ausgesandten Kundschafter. Wer bin ich? (100 P.) *2. Mose 17,9; 33,11*
Gott und Mose sprachen von mir als einem starken und mutigen Mann. Man sagte mir, der Herr sei mit mir, wie er mit Mose war. Ich befehligte das Heer, das Jericho eroberte. Wer bin ich? (75 P.) *Jos. 1,5*
Ich wurde dazu berufen, die Stelle Moses einzunehmen. Ich verteilte das Land unter das Volk, wie es der Herr verlangte. Ich hatte ein Lager in Gilgal. Wer bin ich? (50 P.) *Jos. 1,6*
Ich ließ die Sonne stillstehen. Ich wurde in Ephraim bestattet. Wer bin ich? (25 P.) *Jos. 24,29-30; 1,5; 10,12*
Ich bin Josua.

8. Ich konnte oft meinen Feinden entkommen. Einmal lag an meiner Stelle ein mit einem Ziegenfell bedecktes Götzenbild im Bett. Ich floh aus dem Fenster. Die Worte: «Siehe, die Pfeile liegen dortwärts vor dir, so gehe hin» waren ein wichtiges Stichwort in einem geheimen Bündnis. Wer bin ich? (100 P.) *1. Sam. 20,20; 19,13*
Da ich ein Mann des Krieges war, erlebte ich nicht, daß sich mein sehnlichster Wunsch erfüllte. Ich goß Wasser aus als Opfer für Gott. Mein bester Freund war der Bruder meiner Frau. Wer bin ich? (75 P.) *1. Sam. 18,20; 2. Sam. 23,16*
Ich war Waffenträger, Feldhauptmann und Musiker meines Königs, der auch mein Schwiegervater war. Ich war Hirte bei Bethlehem. Wer bin ich? (50 P.) *1. Sam. 18,20-21; 16,11; 21-23*

Ich bin ein Sohn Isais. Ich habe viele Kinder. Mein liebster Sohn war Absalom. Salomo folgte mir als König. Als ich ein Junge war, erschlug ich Goliath, den Riesen der Philister. Wer bin ich? (25 P.) *1. Sam. 17; 16,11; 15-23*
Ich bin David.

9. Mein Vater war ein sehr mißgünstiger König, und seine Liebe zu mir verwandelte sich in Haß. Eines Tages versuchte er in seinem Zorn, mich zu töten. Wer bin ich? (100 P.) *1. Sam. 20,33*
Mein Vater und ich waren auch erfolgreich im Kampf gegen die Philister. Wer bin ich? (75 P.) *1. Sam. 14*
Ich wurde in der Schlacht zu Gilboa erschlagen. Wer bin ich? (50 P.) *1. Sam. 31,2*
Ich vergaß zu erwähnen, daß die Freundschaft mit David wunderbar war. Wer bin ich? (25 P.) *1. Sam. 20*
Ich bin Jonathan.

10. Ich bin der hübsche Sohn eines großen Herrschers. Ich spielte mich als Anwalt der Armen gegen die Unterdrückung durch die Reichen auf. Dabei gewann ich die Freundschaft vieler armen Menschen. Wer bin ich? (100 P.) *2. Sam. 15; 14,25*
Als ich mich auf eine ausreichende Anzahl von Anhängern verlassen zu können glaubte, verließ ich Jerusalem und ging nach Hebron unter dem Vorwand, dort Jehova opfern zu wollen. In Wirklichkeit aber rüstete ich mich zum Kampf gegen meinen eigenen Vater. Wer bin ich? (75 P.) *2. Sam. 15*
Obgleich mein Vater mich mehr liebte als alle seine anderen Söhne, war er über die Geburt Salomos überglücklich und gelobte, er werde ihn an meiner Stelle zum Erben seines Thrones machen. Wer bin ich? (50 P.) *2. Sam. 12,24*
Ich wurde im Kampf gegen meinen Vater besiegt. Als ich floh, verfing sich mein Haar in den Zweigen eines Baumes. Mein Reittier erschrak und rannte fort, während ich

am Baum hängenblieb. Meine Feinde fanden mich und töteten mich mit ihren Speeren. Wer bin ich? (25 P.) *2. Sam. 18*
Ich bin Absalom.

11. Mein Bruder und ich wurden in der Nähe von Beersheba geboren. In einem Land, in dem sich mein Großvater viele Jahre zuvor angesiedelt hatte. Obgleich ich nicht der erstgeborene Sohn meines Vaters war, stand ich vor meinem Bruder an erster Stelle. Wer bin ich? (100 P.) *1. Mose 25,26-28; 29-34; 1. Mose 27*
Ich verbrachte einige Jahre meines Lebens bei meinem Onkel und seiner Familie. Später heiratete ich zwei meiner Basen. Als ich in den Besitz großer Herden gekommen war, kehrte ich in die Heimat zurück. Wer bin ich? (75 P.) *1. Mose 29*
Ich hätte vielleicht noch erwähnen sollen, daß mein Onkel sich mir gegenüber nicht sehr gerecht verhielt. Ich hatte nämlich sieben Jahre gedient, um die jüngere Tochter heiraten zu dürfen. Doch statt ihr bekam ich die ältere Tochter, und ich mußte nochmals sieben Jahre dienen, um auch die jüngere Tochter heiraten zu dürfen. Wer bin ich? (50 P.) *1. Mose 29,26-29*
Mein Onkel hatte mich betrogen, doch auch ich hatte Unrecht getan: Ich hatte meinen Bruder um sein Erstgeburtsrecht für ein Linsengericht gebracht. Wer bin ich? (25 P.) *1. Mose 25,29-34*
Ich bin Jakob.

12. Ich kümmerte mich nicht um das Kriegshandwerk, sondern befaßte mich lieber mit meinen Schafen. Schließlich gab ich den Glauben an Jehova auf. Weder ein Richter, noch ein Prophet noch ein Held meines Stammes ist der Nachwelt überliefert. Wer bin ich? (100 P.) *1. Mose 30,14*
Während der Wüstenwanderung befand sich mein Lager an der Südseite der Stiftshütte. Als wir in der offenen

Ebene östlich des Jordan ankamen, wollte sich mein Stamm dort mit dem Vieh niederlassen. Mose stimmte dem zu, nachdem wir ihm versichert hatten, daß wir unseren Teil der Aufgabe erfüllen würden, den Westen des Landes in Besitz zu nehmen, das Land Kanaan. Wer bin ich? (75 P.) *Jos. 13,15-33; 4. Mose 2*
Meinem gutherzigen Einschreiten ist es zu verdanken, daß Josef, der Lieblingssohn meines Vaters, nicht getötet, sondern als Sklave verkauft wurde. Ich war es, der die gesamte Verantwortung für die Sicherheit Benjamins übernahm, als Josef später verlangte, daß er zu ihm nach Ägypten gebracht würde. Wer bin ich? (50 P.) *1. Mose 37,21-22*
Ich hatte zwei Halbbrüder mit Namen Josef und Benjamin. Ich war der erstgeborene Sohn Leas und Jakobs. Wer bin ich? (25 P.) *1. Mose 29,32; 30,22-24; 35,16-18*
Ich bin Ruben.

13. Ich bin sehr hübsch. Ich war die zweite Tochter meines Vaters. Ich war die zweite Frau meines Ehegatten. Ich hatte zwei Söhne. Wer bin ich? (100 P.) *1. Mose 29*
Ich heiratete meinen Vetter. Mein Mann liebte mich sehr. Meine Söhne kamen zu hohen Ehren, besonders der ältere. Ich starb bei der Geburt meines jüngeren Sohnes. Wer bin ich? (75 P.) *1. Mose 29; 35,16-19*
Ich traf meinen zukünftigen Mann an einer Wasserstelle. Er wartete sieben Jahre auf mich und heiratete dann meine Schwester. Wer bin ich? (50 P.) *1. Mose 29,2-10*
Mein Schwiegervater war Isaak. Meine Söhne hießen Josef und Benjamin. Wer bin ich? (25 P.) *1. Mose 30,22-24; 35,16-18*
Ich bin Rahel.

14. Ich war ein hochgestellter Hofbeamter in Judäa und ein sehr wohlhabender Mann. Ich setzte mich mit all meiner Kraft für das Gesetz Gottes ein und war ein radikaler Verfechter der Vergeltungslehre. Meine Lebensbeschrei-

bung findet sich in der Bibel. Wer bin ich? (100 P.) *Neh. 1,1-11; 8,9; 13,18 u. 25; Neh. 8*

Als ich mit anderen in Gefangenschaft war und in einer hohen Position am königlichen Hofe diente, hielt ich engen Kontakt mit meinem eigenen Volk in Jerusalem. Ich erhielt die Nachricht, daß sie dort in erbärmlichen Verhältnissen leben mußten. Da wußte ich, daß ich nach Jerusalem gehen mußte. Wer bin ich? (75 P.) *Neh. 2*

Obwohl ich befürchten mußte, meine gute Stellung zu verlieren und ein großes Opfer bringen zu müssen, trug ich dem König mein Anliegen vor. Er bewilligte mir Urlaub, und so zog ich los, begleitet von Hauptleuten und Reitern. Rechtzeitig kam ich in Jerusalem als der neu ernannte Statthalter an. Wer bin ich? (50 P.) *Neh. 2*

Drei Tage nach meiner Ankunft bestieg ich mein Pferd und ritt heimlich in der Nacht an die Stadtmauer. Ich fand sie niedergerissen und zerstört, wie man mir berichtet hatte. Jetzt konnte ich eine Versammlung einberufen und darlegen, warum ich in die Stadt zurückgekommen war. Alle waren bereit, Hand anzulegen. So wurden meine Gebete erhört. Meine Mission war erfüllt, die Mauern wurden wieder aufgebaut. Wer bin ich? (25 P.) *Neh. 2,11-20*

Ich bin Nehemia.

15. Eine Hungersnot trieb mich aus meinem Heimatland. Ich bin die Mutter von zwei Söhnen. Ich sagte: «Des Herrn Hand ist über mir ausgegangen.» Wer bin ich? (100 P.) *Esth. 1,1-3; 1,13*

Die Menschen meines Heimatortes erkannten mich nicht bei meiner Rückkehr. Ich verkaufte meinen Besitz an meinen Verwandten. Ich nahm einen anderen Namen an. Mein Mann und meine beiden Söhne waren gestorben. Wer bin ich? (75 P.) *Esth. 1,19-22*

Meine beiden Söhne heirateten Moabiterinnen. Ich habe einen Verwandten mit Namen Boas. Der Name meines

Enkels ist Obed. Wer bin ich? (50 P.) *Esth. 1,4; 2,1; 4,17*
Eine meiner Schwiegertöchter wollte mich nicht verlassen. Wir beide kehrten nach Bethlehem zurück. Meine Schwiegertochter las Ähren auf dem Feld. Sie heiratete Boas. Wer bin ich? (25 P.) *Esth. 1,16-17; Esth. 2*
Ich bin Naemi.

16. Meine Mutter hatte mich von Gott erbeten. Als ich noch ein Kind war, brachte sie mich in das Haus des Herrn zu Silo. Ich wurde für den Tempeldienst bestimmt, wobei ich Eli zur Hand ging. Meine Mutter machte mir ein Obergewand und brachte es mir, als sie mit ihrem jährlichen Opfer heraufkam. Wer bin ich? (100 P.) *1. Sam. 1,10-11; 1,21-28; 2,18-19*
Rechtzeitig wurde ich vom Herrn gewarnt, daß er über Eli und sein Haus richten werde. Nach dem Tod Elis und der Rückkehr der Bundeslade aus den Händen der Philister wurde ich Richter in Israel. Ich rief das Volk nach Mizpa zum Brandopfer und rettete sie vor den einfallenden Philistern. Wer bin ich? (75 P.) *1. Sam. 3; 1. Sam. 6-7*
Ich wurde in das Haus des Isai gesandt, um für Saul einen Nachfolger auszusuchen und zu ernennen. Ich erwählte David. Wer bin ich? (50 P.) *1. Sam. 16,1-13*
Mein Vater hieß Elkana, meine Mutter Hanna. Mein Nachfolger war Saul, der erste König Israels. Zwei Bücher des Alten Testaments tragen meinen Namen. Wer bin ich? (25 P.) *1. Sam. 1,1-2; 1. Sam. 10*
Ich bin Samuel.

17. Ich bin ein Sohn der Rebekka und ein Stammvater der Edomiter. Wer bin ich? (100 P.) *1. Mose 25,25*
Ich liebe es sehr, in der freien Natur zu sein. Ich jage gerne und durchstreife mit Vorliebe die Wälder und Berge. Wer bin ich? (75 P.) *1. Mose 25,27*
Ich bin sehr behaart. Ich verkaufte mein Erstgeburtsrecht für ein Linsengericht an meinen Bruder. Wer bin

ich? (50 P.) *1. Mose 25,29-34; 1. Mose 27*
Ich habe einen Zwillingsbruder namens Jakob. Mein Name beginnt mit «E»! Wer bin ich? (25 P.)
1. Mose 25,24-25
Ich bin Esau.

18. Als Mann bin ich selbstbeherrscht, als Soldat tapfer und gehorsam. Ich bin Offizier unter Joab in Davids Heer. Wer bin ich? (100 P.)
Ich wurde mit einigen tapferen Männern zu einer Stelle an der Stadtmauer gesandt, wo die Feinde mich mit Sicherheit töten würden. Ich schlief vor der Tür des Königshauses, statt in mein eigenes Haus zu gehen. Wer bin ich? (75 P.)
Ich überbrachte einen Brief, der mein eigenes Todesurteil enthielt. Ich bin ein Hethiter und einer der dreißig mächtigsten Männer Davids. Wer bin ich? (50 P.)
Ich war der Ehemann der Bathseba. Der König belohnte meine treuen Dienste mit Unrecht und Tod. Wer bin ich? (25 P.) *2. Sam. 11*
Ich bin Uria.

19. Ich bin arrogant, rachsüchtig und skrupellos. Mein Mann, der König, nahm nur den zweiten Platz ein. Er, ein willensschwacher Mensch, war nur ein Instrument in meiner Hand. Wer bin ich? (100 P.) *1. Kön. 21*
Ich befahl den Tod des Naboth, des Eigentümers eines nahen Weinbergs, weil er diesen Weinberg nicht dem König verkaufen wollte. Ich führte die Religion des Baal in Israel ein. Ich verfolgte die Propheten Israels und versuchte, sie auszurotten. Wer bin ich? (75 P.) *1. Kön. 17,32-33; 1. Kön. 18,4; 1. Kön. 21*
Ich bedrohte Elias Leben, bis er für eine Zeit in die Wüste von Beersheba flüchtete, um dem Tod aus meiner Hand zu entgehen. Ich war die Tochter des Königs von Tyrus, der ein Baalspriester war. Ich war die Frau Ahabs, des Königs von Israel. Wer bin ich? (50 P.)

1. Kön. 16,31; 19,1-8

Ich erlitt einen tragischen Tod durch die Hand Jehus. Hunde fraßen mein Fleisch. Wer bin ich? (25 P.) *2. Kön. 9,30-37*

Ich bin Isebel.

20. Im Namen Jehovas hatte ich den Mut, mich als einziger gegen die ganze Macht des Königreichs zu erheben. Ich sagte dem König, daß weder Tau noch Regen in den nächsten Jahren fallen werden, außer auf mein Wort hin. Eines Nachts ruhte ich mich in einer Höhle aus. Wer bin ich? (100 P.) *1. Kön. 17*

Ich wurde für den Tod des Sohnes einer Witwe verantwortlich gemacht. Ich nahm das Kind, betete zu Gott, daß seine Seele zurückkehren möge, und der Junge lebte und wurde gesund zu seiner Mutter zurückgebracht. Während ich in der Wüste schlief, wurde ich zweimal durch einen Engel geweckt, der mir befahl zu essen, und ich fand Brot und Wasser neben mir. Wer bin ich? (75 P.) *1. Kön. 17,17-24; 19,1-8*

Ich erhielt von Raben zu essen, während ich am Bach Krith lebte. Einige Zeit erhielt ich von einer Witwe zu essen, die nur eine Handvoll Mehl und etwas Öl hatte, als ich in ihr Haus kam. Doch ich sagte ihr, daß Gott versprochen hat, das Mehl und das Öl werde reichen, solange die Dürre andauerte. Dadurch, daß Gott Feuer sandte, mein Opfer zu verzehren, bewies ich dem Volk Israel auf dem Karmel, daß Jehova Gott ist. Wer bin ich? (50 P.) *1. Kön. 17; 1. Kön. 18,21-40*

Ich salbte Elisa als meinen Nachfolger. Als wir zum Jordan kamen, nahm ich meinen Mantel, wickelte ihn zusammen und schlug auf das Wasser. Das Wasser teilte sich auf beide Seiten, und Elisa und ich gelangten trockenen Fußes ans andere Ufer. Wer bin ich? (25 P.) *1. Kön. 19,19-21; 2. Kön. 2*

Ich bin Elia.

21. Als ich die Herrschaft über Israel übernahm, kämpfte ich gegen alle meine Feinde rings um mein Land: gegen die Moabiter, die Ammoniter, die Edomiter, die Könige Zobas, die Philister und gegen die Amalekiter. Wer bin ich? (100 P.) *1. Sam. 11,1-11; 13,1-23; 15*
Meine Diener rieten mir, einen Harfenspieler einzustellen, damit es mir besser werde, wenn der böse Geist Gottes über mich kommt. Sie nannten mir David, der für mich spielen sollte. David spielte auf seiner Harfe. Ich fühlte mich besser, und der böse Geist wich von mir. Wer bin ich? (75 P.) *1. Sam. 16,14-23*
Voller Verzweiflung ging ich zu einer Wahrsagerin in Endor. Doch ich erhielt eine Nachricht ohne jede Hoffnung. Meine Söhne wurden erschlagen. Ich sagte zu meinem Waffenträger, er solle mich erstechen. Er aber weigerte sich. Da stürzte ich mich in mein eigenes Schwert. Wer bin ich? (25 P.) *1. Sam. 9,1-2; 10,17-27*
Ich bin Saul.

22. Ich wurde im Lande Kanaan geboren und war der elfte von zwölf Söhnen eines großen Patriarchen. Wer bin ich? (100 P.) *1. Mose 30,22-24*
Als ich ein Mann war, diente ich dem Pharao in Ägypten als hoher Hofbeamter. Wer bin ich? (75 P.) *1. Mose 39*
Ich verhütete eine Hungersnot in Ägypten. Ich war ein großer Traumdeuter. In meiner Jugend war ich Sklave in Ägypten. Wer bin ich? (50 P.) *1. Mose 40-41*
Mein Vater Jakob gab mir einen bunten Rock. Meine Brüder verkauften mich in die Sklaverei. Ich vergab ihnen ihre Untat und half ihnen später allen. Wer bin ich? (25 P.) *1. Mose 37*
Ich bin Josef.

23. Ich wurde bei Beersheba geboren, wo meine Eltern sich nach langen Jahren der Wanderschaft niedergelassen hatten. Meine Eltern waren sehr glücklich, als ich zur Welt kam, denn sie hatten schon lange die Hoffnung auf-

gegeben, einen Erben zu bekommen. Wer bin ich? (100 P.) *1. Mose 21*

Als ich später ins heiratsfähige Alter gekommen war, sandte mein Vater einen seiner ältesten Knechte in sein Heimatland, um für mich eine Frau zu suchen. Der Knecht brachte ein solches Mädchen, nach dem ihn mein Vater ausgesandt hatte. Wir wurden ein glückliches Paar. Uns wurden Zwillingssöhne geboren. Als sie jedoch älter geworden waren wurde offenbar, daß sie, obgleich Zwillinge, einander sehr unähnlich waren. Ein Sohn verbrachte sein Leben im Freien mit Jagen, Fallenstellen und Schafehüten, während der andere kaum aus dem Hause ging. Wer bin ich? (75 P.)
1. Mose 24; 25,19-28

Als ich alt geworden war, schickte ich nach meinem Sohn Esau, um ihn als Erben zu segnen. Jakob aber täuschte mich mit Hilfe seiner Mutter und empfing meinen Segen anstelle seines Bruders. Wer bin ich? (50 P.) *1. Mose 27*

Ich vergaß zu erwähnen, daß mein Vater Abraham bereit war, mich zu opfern. Dann sah er jedoch einen Widder, der sich mit seinen Hörnern im Gestrüpp verfangen hatte. Ihn opferte er an meiner Stelle. Wer bin ich? (25 P.) *1. Mose 22*

Ich bin Isaak.

24. Ich war Richterin in Israel. Der Herr gab mir Gewalt über die Mächtigen. Ich lebte zwischen Rama und Bethel auf dem Berg Ephraim. Die Kinder Israel kamen zu mir herauf vor Gericht. Wer bin ich? (100 P.) *Richt. 4,4-5*

Während meiner Amtszeit als Richterin kam es zu einem großen Kampf. Meine Heerführer verfolgten die Wagen meiner Feinde und töteten alle, bis auf den Anführer, der fliehen konnte. Nach der Schlacht hatte mein Land vierzig Jahre lang Ruhe. Wer bin ich? (75 P.) *Richt. 4*

Mein Heerführer wollte nicht in den Kampf ziehen, wenn ich nicht mitzöge. Ich sagte ihm aber, daß der Preis nicht ihm zukäme. Der besiegte Führer des feindlichen Heeres bat um Wasser und erhielt Milch. Wer bin ich? (50 P.) *Richt. 5; 4,19*

Der Name meines Mannes war Lapidoth. Die Frau Hebers tötete den gegnerischen Heerführer Sisera mit einem Zeltpflock. Der Führer meines Heeres war Barak. Gideon war als Richter mein Nachfolger. Ich war eine Prophetin. Wer bin ich? (25 P.) *Richt. 4,4; Richt. 4-5*

Ich bin Debora.

25. Ich bin der Sohn des Elkana, und ich wohnte in der Stadt Rama. Als ich älter geworden war, wurde ich ein Führer meines Volkes. Ich erzählte ihm von Gott. Wer bin ich? (100 P.) *1. Sam. 1,19-23; 3,19-21*

Ich war der fünfzehnte und letzte Richter Israels. Ich liebte den Frieden, aber einmal war ich gezwungen, gegen die Eindringlinge in unser Land zu kämpfen. Mit Gottes Hilfe konnten wir unsere Feinde besiegen. An die Stelle, an der wir siegten, setzte ich einen Stein und nannte ihn Ebenezer, das bedeutet «Stein der Hilfe». Wer bin ich? (75 P.) *1. Sam. 7,15-17; 1. Sam. 7*

Als ich alt war, setzte ich meine Söhne zu Richtern über Israel. Sie waren aber keine rechten Nachfolger. Sie taten Unrecht. Da verlangte das Volk einen König. Das gefiel mir gar nicht. Ich betete zu Gott. Der Herr aber befahl mir, dem Volk zu gehorchen und einen König auszuwählen. Ich salbte Saul zum ersten König Israels. Wer bin ich? (50 P.) *1. Sam. 8; 1. Sam 10*

Ich wurde in einem Tempel von einem Priester erzogen. Meine Mutter hatte das Gelübde abgelegt, sie werde, wenn sie einen Sohn bekäme, diesen Gott weihen. Gott sprach eines Nachts zu mir, als ich noch ein Junge war. Wer bin ich? (25 P.) *1. Sam. 1,9-28; 1. Sam. 2*

Ich bin Samuel.

26. Ich vollbrachte viele Wunder, die sich zu der Zeit ereigneten, als der Glaube an Jehova gegen die Verehrung

Baals um seine Existenz kämpfte. Im Namen des Herrn machte ich mit Salz das Wasser der Quelle in Jericho genießbar. Ich prophezeite einer Sunamitin die Geburt eines Sohnes, und durch mein Gebet wurde er, als er gestorben war, wieder zum Leben erweckt. Wer bin ich? (100 P.) *1. Kön. 19,19-21; 2. Kön. 2,19-22; 2. Kön. 4*

Ich brachte Eisen zum Schwimmen. Ich teilte Benhadad, dem König von Syrien, seinen nahen Tod mit. Ich verkündete die Vernichtung Ahabs und seines ganzen Hauses. Wer bin ich? (75 P.) *2. Kön. 6; 8,7-15*

Ich war einer der beiden großen Propheten in der frühen Geschichte Israels. Ich benutzte meine Wundermacht weitgehend für gute Zwecke. Nach meinem Tod warf man einen Leichnam zu mir ins Grab. Als er meine Gebeine berührte, wurde er plötzlich wieder lebendig. Wer bin ich? (50 P.) *2. Kön. 13,20-21*

Als ich pflügte, kam ein großer Prophet und warf seinen Mantel über mich. Als dieser Prophet den Jordan überquerte, um in einem feurigen Wagen zum Himmel aufzufahren, blieb ich bei ihm. Ich bat um einen doppelten Anteil seines Geistes. Ein feuriger Wagen nahm meinen Meister mit. Mit seinem Mantel schlug ich auf das Wasser des Jordan. Es teilte sich, und ich konnte es trockenen Fußes durchqueren. Gott bestimmte mich zum Nachfolger des Propheten Elia. Wer bin ich? (25 P.) *1. Kön. 19,19-21; 2. Kön. 2*

Ich bin Elisa.

27. Ich war der Sohn Tharas, der jenseits des Euphrattales lebte. Wer bin ich? (100 P.) *1. Mose 11,26*

Mein Name bedeutet «Vater der Menge». Man scheint nur wenig über die letzten Tage meines Lebens zu wissen, doch im Alter von 175 Jahren starb ich und wurde mit meiner Frau Sara in der Höhle von Machpela beigesetzt. Meine zweite Frau Ketura war nicht annähernd so schön wie meine erste Frau. Wer bin ich? (75 P.) *1. Mose 25*

Als mein Sohn Isaak ins heiratsfähige Alter kam, sandte

ich meinen Knecht aus, um ihm eine Frau suchen zu lassen. Er kehrte mit der sehr schönen und tüchtigen Rebekka zurück. Wer bin ich? (50 P.) *1. Mose 24*

Man bezeichnet mich als Vater der Hebräer. Im Neuen Testament werde ich auch «Vater des Glaubens» genannt. Wer bin ich? (25 P.) *Röm. 4,11; Hebr. 11,8; Matth. 3,9*

Ich bin Abraham.

28. Ich war nicht hübsch und hatte schwache Augen. Als mein Mann noch meine jüngere Schwester heiratete, kehrte sich meine Liebe zu ihr in Haß; denn ich wurde neidisch auf ihre Schönheit. Wer bin ich? (100 P.) *1. Mose 29,16-17*

Bevor mein Mann mich heiraten konnte, mußte er für unsere Familie ohne Bezahlung sieben Jahre arbeiten, wie es damals Sitte war. Mehr steht darüber in *1. Mose 29.* Wer bin ich? (75 P.)

Nach unserer Heirat mußte mein Mann weitere sieben Jahre für meinen Vater Laban arbeiten, ehe er meine jüngere Schwester heiraten konnte. Wer bin ich? (50 P.) *1. Mose 29,30*

Ich war sehr gekränkt, daß mein Mann meine schöne Schwester mir vorzog. Meine jüngere Schwester hieß Rahel. Die meiste Zeit widmete ich meinen Kindern. Wer bin ich? (25 P.) *1. Mose 29*

Ich bin Lea.

29. Ich war einer der Richter Israels und ein in meiner Zeit berühmter Held. Ich gehörte zum Stamme Dan. Ich war zwanzig Jahre lang Richter. Wer bin ich? (100 P.) *Richt. 13; Richt. 16,31*

Ich heiratete die Tochter eines Philisters. Ich brachte das Volk meiner Frau oft durch meine Rätsel und Streiche in Verwirrung. Einmal reiste ich nach Askalon, wo ich dreißig Mann erschlug, um mich für den Verrat eines meiner Rätsel zu rächen. Wer bin ich? (75 P.) *Richt. 14*

Bald sah ich ein anderes schönes Mädchen und liebte es. Eine moderne Oper trägt unseren Namen. Durch eine List entdeckte diese Frau das Geheimnis meiner großen Kraft, die in meinen Haaren lag. Sie verriet mich den Philistern. Wer bin ich? (50 P.) *Richt. 16,1-22*
Die Philister hatten nicht bedacht, daß meine Kraft wiederkehrt, wenn meine Haare wieder gewachsen sind. So konnte ich mich an Delila und ihren Leuten rächen, indem ich ein großes Haus zum Einsturz brachte, das alle unter sich begrub. Wer bin ich? (25 P.) *Richt. 16,23-31*
Ich bin Simson.

30. Ich war der Sohn des Jephunnes, des Kenisiters, aus edomitischem Stamm. Ein Volksstamm, der später mit dem Stamme Juda vereinigt wurde, ist nach mir benannt. Wer bin ich? (100 P.) *4. Mose 13,6*
Ich bin einer der Streiter Jehovas. Ich vertraute ihm und folgte ihm treulich nach. Man nannte mich einen großen Kundschafter. Wer bin ich? (75 P.) *4. Mose 14,30*
Zusammen mit einem anderen wurde ich in das Land Kanaan gesandt, um auszukundschaften, ob es erobert werden konnte. Ich schlug vor, sofort einzumarschieren. Wer bin ich? (50 P.) *4. Mose 14,30*
Mein Mitkundschafter hieß Josua. Wer bin ich? (25 P.) *4. Mose 14,38*
Ich bin Kaleb.

31. Ich bin einer der bemerkenswertesten Männer der jüdischen Geschichte. Ich betrachte meine Feinde als Gottes Feinde. Für mein späteres Wirken waren die in vielen Kämpfen gewonnenen Erfahrungen gute Voraussetzungen. Ich wurde Heerführer und später Herrscher über das Land. Wer bin ich? (100 P.) *2. Mose 17,9*
Ich wurde als Vertreter meines Stammes auserwählt und war einer der zwölf Kundschafter. Ich befahl der Sonne und dem Mond stillzustehen. Wer bin ich? (75 P.) *5. Mose 31,14; 4. Mose 13,16*

Ich war der Sohn des Nun, in der zwölften Generation nach Josef. Man befahl mir, Männer auszusuchen und gegen die Amalekiter zu kämpfen. Wer bin ich? (50 P.) *4. Mose 27,18; 2. Mose 17,9*

Ich wurde dazu auserwählt, das Volk in das Land Kanaan zu führen. Ich eroberte Jericho. Mein großes Werk war die Eroberung und Besiedelung Palästinas. Wer bin ich? (25 P.) *5. Mose 31,23*

Ich bin Josua.

32. Ich mußte Ägypten verlassen und floh nach Midian. Ich wurde zu meinem Volk geschickt, um ihm zu helfen. Mein Sohn hieß Gersom. Wer bin ich? (100 P.) *2. Mose 2,11; 2. Mose 3,1*

Meine Mutter führte einen ungewöhnlichen Plan aus, um mein Leben zu retten. Meine Schwester war um mein Schicksal sehr besorgt. Ich wurde von einer Königstochter adoptiert. Viele Jahre lang hielt man mich für einen Ägypter. Wer bin ich? (75 P.) *2. Mose 2*

Zippora war meine Frau. Ich war kein guter Redner. Ich tat alles, was mir Jehova befahl. Wer bin ich? (50 P.) *2. Mose 2,21*

Ich überbrachte meinem Volk die Zehn Gebote. Ich werde als Führer und Gesetzgeber beschrieben. Mein Bruder Aaron war mir bei meiner Arbeit eine große Hilfe. Wer bin ich? (25 P.) *2. Mose 20*

Ich bin Mose.

33. Ich war 22 Jahre lang der König von Samaria. Ich wandte mich von Gott ab, als ich in Samaria einen Altar für Baal errichtete. Es war meine Frau, die als erste den Baalsdienst einführte. Wer bin ich? (100 P.) *1. Kön. 16,29-33*

Mein Vater war Omri. Ich tat mehr, um Gott herauszufordern, als alle Könige vor mir. Ich baute einige Städte, täfelte Prunkgemächer mit Elfenbein und errichtete Jericho neu. Wer bin ich? (75 P.) *1. Kön. 16,29 u. 34*

Ich heiratete Isebel, die Tochter des Königs von Sidon. Wer bin ich? (50 P.) *1. Kön. 16,31*
Ich wollte den Weinberg Naboths, nahe meinem Palast, kaufen. Er aber hatte ihn von seinem Vater geerbt und wollte ihn nicht verkaufen. Ich ärgerte mich deshalb sehr. Meine Frau überredete mich, Naboth zu töten und den Weinberg an mich zu nehmen. Wer bin ich? (25 P.) *1. Kön. 21*
Ich bin Ahab.